用心理學拆解話術、行為與情緒操控，
打造不再受騙的愛情選擇權

——妳就不再愛錯人——

看懂男人心

夏以晴 著

有些感情不是走散了，而是從沒站在對的位置開始

當妳不再向誰低頭，才會看見真正朝妳走來的人

目 錄

序言 005

第一章　妳愛上的，不過是幻想裡的他 009

第二章　他對每個人都溫柔，卻從沒認真愛過誰 045

第三章　他說怕被綁住，其實從沒準備留下 077

第四章　他還沒清理完過去，妳卻急著住進他的未來 107

第五章　妳不是用來療傷的風景，更不是誰的替代品 137

第六章　在他的沉默裡，妳不見了自己 165

第七章　他裝得深情，是為了更好控制妳 195

◇ 目錄

第八章	妳不劃底線,他就當妳沒有邊界	225
第九章	妳總是太怕失去,所以從來沒真正擁有過	255
第十章	學會一個人不委屈,才配擁有不費力的愛情	285
第十一章	他口口聲聲愛,卻步步讓妳失去判斷	315
後記	停止愛錯人,從相信自己值得對待開始	353

序言

◎妳值得的愛，從來不是痛，而是清醒

「我到底是哪裡不夠好，才總是遇到這樣的人？」

這是許多女性在愛情受傷後最常問自己的問題。有時候，他不回訊息、忽冷忽熱；有時候，他從不說愛，卻享受妳的付出；甚至有時候，他明明已婚，卻說妳是他最懂的人——妳不是沒看出問題，而是妳總在心裡告訴自己：「他應該不是故意的」、「也許再給一次機會就會不一樣了」。

但親愛的，妳有沒有想過：問題不是妳不懂男人，而是妳不夠相信自己值得更好的對待。

這本書，不是教妳如何討好男人，也不是教妳如何用策略操控戀愛，而是——幫妳看懂妳自己，清醒選擇愛的方向。

◎為什麼愛情裡的妳，總是比現實中的妳軟弱？

在職場，妳是堅定果斷的主管；在人際關係中，妳懂得界線、懂得拒絕。但一談戀愛，妳開始懷疑自己是否太黏、太多話、太情緒化；開始害怕提要求會嚇跑對方，於是妳寧可悶著、讓著、等著，直到自己越來越沒聲音。

這不是因為妳不聰明，而是因為妳在情感裡太努力了，反而忘了自己。

妳不是愛錯人，是妳把愛放在讓妳失去尊嚴的位置。

◇ 序言

　　我們都曾以為，愛一個人就是包容、等待、給予、理解，但從來沒有人告訴妳：真正對的愛，是讓妳更接近自己，而不是把自己放低來成全對方的舒適。

◎妳不是需要有人愛，而是需要先懂得愛自己的人該怎麼選擇被愛

　　《看懂男人心，妳就不再愛錯人》這本書的初衷不是教妳猜男人的心，而是讓妳停止把重心放在「他是不是對的人」上，而開始問：「我有沒有用對的方式選擇？」

　　每一章都不只講理論，而是從真實故事出發，幫妳辨認：

- 什麼樣的男人只是嘴上愛妳，實際卻在拖延、消耗妳
- 什麼樣的關係，其實一開始就沒有未來，只是妳捨不得停止
- 什麼樣的互動，是「情緒綁架」不是深情表白
- 為什麼他不給承諾，而妳卻還在努力表現「值得被愛」？

　　妳會看到「劈腿男」、「不婚主義者」、「情緒操控型」、「假溫柔真逃避」、「喪偶型依賴」等男性類型解析，也會讀到「焦慮型依附」、「潛意識吸引模式」、「錯誤選擇合理化」、「恐懼孤單造成的執著」等女性情感心理機制。

　　這本書要帶妳走過的，不是「怎麼修正男人」，而是：怎麼不再為錯的人消耗自己。

◎這不是一本戀愛指導書，而是一本「自我覺醒的戀愛心理書」

　　每一章節後妳都會看到一張心理覺察表格，不是要妳對號入座，而是要妳勇敢面對──原來那個讓妳受傷最深的人，不是他，而是妳自己

一再給機會、再忍耐、再否定自己的選擇。

但這本書同時也會告訴妳：不甘心不代表妳沒價值，放不下不代表妳軟弱，愛錯人不代表妳不配擁有幸福。

這些錯誤，只是還沒學會看清自己該怎麼愛。

書裡的文字，不是要讓妳更會談戀愛，而是讓妳更會為自己設下價值的底線。因為只有當妳清楚自己要的是什麼、值多少、願意接受怎樣的對待，妳才有力量在愛裡做決定，而不是只能等待被決定。

親愛的，請妳記得：

- 妳不是因為被愛才有價值，是因為妳有價值，所以值得好好被愛
- 妳不是為了避免孤單才談戀愛，而是因為妳已經夠完整，才願意選擇和一個人分享生活
- 妳不是等著被挑選，而是 —— 妳有權挑選適合妳的對象

如果妳曾愛得委屈、愛得不安、愛得懷疑自己，這本書寫給妳。

如果妳想愛得穩定、愛得清醒、愛得值得，這本書更是寫給妳。

看懂男人心的關鍵，其實不是拆穿他，而是看清自己在愛裡的姿態與位置。

妳夠穩定，才能吸引對的人靠近；妳夠清醒，才不會再把錯的人放進心裡。

從現在起，妳不再是愛情裡等待被選的那個人。

妳是那個先確認自己值得被選擇，然後有能力選擇愛與不愛的人。

◇序言

第一章
妳愛上的,不過是幻想裡的他

◇ 第一章　妳愛上的，不過是幻想裡的他

第一節　為什麼妳總是對他一見鍾情？投射效應與戀愛偏誤

情感映像：妳愛上的不是他，而是妳幻想的自己

　　林俞君是臺北一家知名公關公司的資深經理，35 歲、經濟獨立、長相出色、談吐得體，是朋友眼中標準的「人生勝利組」。但她有個一直過不去的難題——感情。

　　她的戀愛總是不超過半年，對方不是最後搞失聯，就是開始曖昧不明地拖延，像消音的火箭，最終消失在她的生活軌道裡。

　　她自己也不明白：「明明每次都很心動，對方也都不錯，為什麼結果總是我一個人留下來收拾情緒？」

　　某天，她在朋友辦的藝文沙龍中認識了 Mike，一位自由攝影師。Mike 穿著簡單、笑容溫暖，一開口就聊他在巴黎拍過的街頭，還提到喜歡村上春樹、看歐洲獨立電影。這一晚，林俞君在心中默默想：「他是我一直在等的那個人。」

　　於是她主動加了對方 IG，開始找機會敲他訊息，甚至在第三次見面時就邀他來她家吃晚餐。

　　三個月後，這段關係告終。Mike 始終沒有說他是「男朋友」，也從未主動約她；他似乎對她的生活沒什麼興趣，也從未對她的事業表達過

第一節　為什麼妳總是對他一見鍾情？投射效應與戀愛偏誤

讚賞。林俞君後來說：「我好像不是在談戀愛，而是在編一齣自己愛看的劇。」

她才發現，自己其實從未真正了解 Mike，而是用自己的想像，把他塑造成「理想對象」的模樣。

一見鍾情：戀愛偏誤的起手式

在戀愛初期，尤其是第一次見面時的情緒激動，很容易讓人誤以為那是命運的召喚。但心理學家告訴我們，一見鍾情其實更多是「投射效應」的產物。

投射效應（Projection Effect）是指：我們把自己內心深處的渴望、需求、價值觀投射到別人身上，進而對對方產生一種「他懂我」、「他就是我想要的」的錯覺。

簡單來說，這就像是我們自己拿筆，幫對方描繪成我們想要的樣子，並選擇性地忽略他的真實特質。

一見鍾情往往發生在「資訊極少、幻想極多」的情境下，像林俞君和 Mike 那樣，一次簡短的對話，可能只透露了 3% 的資訊，但我們的大腦已經把剩下的 97% 填滿。

◇ 第一章　妳愛上的，不過是幻想裡的他

認知偏誤：戀愛中的心理陷阱

阿摩司·特沃斯基與丹尼爾·康納曼的研究指出，我們在快速決策時會依賴「認知偏誤」，這是人類為了節省認知資源而形成的直覺判斷系統。但在戀愛中，這套系統經常失靈。

常見的偏誤包括：

1. 確認偏誤（Confirmation Bias）

當妳相信對方很細心，就會只注意他幫妳拉椅子的舉動，卻忽略他從不記得妳不吃辣。

2. 初始效應（Primacy Effect）

如果第一次見面時他穿得體面、舉止紳士，那他之後的冷淡、忽略，妳也會選擇性遺忘。

3. 情緒感染（Emotional Contagion）

妳的心情好時，會自動認為對方也對妳有好感；其實，他可能只是「禮貌性笑容」。

4. 投射偏誤（Projection Bias）

這是所有戀愛偏誤的母體──妳愛上的是妳對「戀愛應該有的樣子」的執念，而不是眼前這個人。

第一節　為什麼妳總是對他一見鍾情？投射效應與戀愛偏誤

愛情不是填空題，不該由妳腦補答案

很多女性在戀愛中會有一種「編劇式心態」——她們在心中早就寫好了男主角該有的臺詞、動作與情感反應，只要對方給出一點線索，腦中就立刻開始接戲。

這種「劇本依賴」會讓妳誤以為戀愛中的每個細節都有意義，從而過度解讀、過度付出、甚至過度期望。

事實上，戀愛不該是妳單方面投入幻想，更不該靠自己補完對方的形象。

三步驟拆解妳的「幻想成癮症」

步驟一：寫下妳對他的幻想，再一項一項核對事實

例如妳覺得他「很有責任感」，那請問：他曾為你做過什麼負責任的行動？還是只是你覺得他「看起來是」？

步驟二：拉長認識期，降低「戀愛腦」錯覺

情緒高潮會影響邏輯判斷。建議至少有五次以上實際互動（不含線上聊天），觀察他的真實反應而非妳的內心投影。

步驟三：請朋友用「第三者視角」說出他的形象

旁觀者清，朋友更能指出妳看不見的真實特質，幫助妳跳出情緒放大鏡。

◇ 第一章　妳愛上的，不過是幻想裡的他

認清「一見鍾情」背後，其實是「過度期望」

　　我們總是想從別人那裡補足缺口──缺陪伴、缺被理解、缺安定感。於是遇見一個「可能的」對象，就迅速給他貼上標籤，甚至過度解讀。

　　但真正的好關係，不會讓妳一直猜、一直自我感動，而是能讓妳放心做自己。

　　愛情之所以讓人失望，是因為妳以為對方應該演出妳想看的劇。但真正的愛，是看到一個人不完美的樣子仍然選擇靠近，不是因為他符合期待，而是因為他真實地適合妳。

　　下次當妳一見鍾情，不妨問問自己──我喜歡的是他本人，還是我幻想中的他？

戀愛投射警戒表

項目	現象	危險指標	評估建議
第一印象過強	第一次見面後難以忘懷	★★★★☆	強烈警訊，妳可能已進入投射狀態
自己主動多於對方	常是妳傳訊息、妳提約	★★★★☆	關係主動權失衡，勿單向投入
腦中編劇模式啟動	開始幻想兩人未來模樣	★★★★★	投射警戒！快回到當下驗證真實互動
他模糊不明的回應	回答多半敷衍、曖昧、閃躲	★★★☆☆	不代表他神祕，可能是他沒那麼在意妳
妳常替他找理由	幫他解釋冷淡、沒空等行為	★★★★☆	妳已進入「自己感動自己」的自我催眠

第二節
當心「對的人劇本」讓妳忽略真相

情感映像：她以為遇到了愛，卻不知在演自己的戲

張嘉芸是一位剛滿三十歲的出版社編輯，個性獨立，興趣廣泛，對文藝與哲學有濃厚興趣。她一直期待遇到一位能與她精神契合、對話深入、有穩定職業並懂生活的伴侶。這些條件看似理性，但在她心中早已內建成為一套「對的人劇本」。她說，如果有一天遇到這樣的男人，那就是命中注定。

這個人真的出現了。某次在作家簽書會上，她認識了林志遠，一位在文化基金會任職的學者型男子。他說話有條理，對文學涉獵甚廣，甚至還讀過她編的書。初次見面後，嘉芸滿腦子都是他的身影，並迅速開始投入與他互動。

兩人交往不到一個月，嘉芸便陷入熱戀狀態。她覺得這段感情進展順利，是因為彼此在靈魂層面「高度契合」。但逐漸地，她開始發現林志遠在相處上顯得疏離。他從不主動邀約，對未來沒有規劃，在朋友面前也未曾介紹過她是女友。每當她質疑，他總是微笑帶過：「我們還在了解彼此，不急。」

◇ 第一章 妳愛上的，不過是幻想裡的他

三個月後，他突然提出「需要冷靜一段時間」。嘉芸崩潰，她不懂為什麼這段看起來如此完美的戀情會走向終點。她說，她不只失戀，更像是失去了一段她精心編寫的人生劇情。

戀愛中的「劇本效應」：來自內心未竟之願

人在關係中傾向將尚未整合的需求與渴望，投射到戀愛對象上，創造出與現實不符的情感解讀。在這樣的作用下，女性往往並非愛上對方本身，而是愛上自己想要的人生片段，並將之套用在對方身上，產生錯誤的親密幻想。

這種「對的人劇本」通常來自以下心理動因：

第一，成長過程中未滿足的關愛需求。若童年曾感受缺乏情感陪伴，長大後容易對「表面溫柔、有耐性」的人特別感興趣，並快速貼上「他是我一直在等的人」的標籤。

第二，自我定位過於理想化。當女性對自己未來的生活樣貌有過度具象的構想，便會在遇到條件相符的男性時，自動投射成功劇情，錯認為是命運安排，而非一段需要經營與驗證的現實關係。

第三，社會文化強化的浪漫期待。長年以來，女性在影視與文學作品中所接收的情感敘事，多偏向完美主義與理想主義傾向，導致對感情的耐受度與容錯率降低，無法接受不符合劇本的情節，最終將現實人投進虛構戲。

第二節　當心「對的人劇本」讓妳忽略真相

劇本效應的三個心理迷思

在實務心理輔導中，針對經常陷入理想型幻想的女性個案，最常見的三個錯誤認知如下：

一，理想型邏輯謬誤。許多女性誤以為外貌、職業、學歷、興趣的「吻合」代表精神契合，實則這些條件多半只是表層相似，無法真正反映一個人的情感能力與價值選擇。

二，情節合理化偏誤。當對方有冷淡、缺席、模糊不清的行為時，女性為了讓劇情繼續下去，會傾向自我解釋：「他最近壓力大」、「他個性本來就悶」、「他是慢熟型」等，進一步否認現實。

三，自我角色綁定。當女性投入劇本過深，便不容易抽離自己設定的情節與角色，認為只要「我夠真誠」、「我不放棄」，結局終會迎來轉折。這種認知不只無法改變關係，更會造成自我價值的持續損耗。

為什麼劇本會傷妳？
妳其實在一段單向互動中表演

若把感情比作戰略合作，理性關係如同雙方簽訂協議並共同經營，而劇本式戀愛則是妳一人寫劇本、一人演主角、還包辦導演。當妳越投入角色，越無法辨識對方根本沒參與妳的敘事結構，只是偶然出現在妳想像中的「他」，卻未實際進入妳的人生藍圖。

這種互動是不對等的。妳將自己放進了愛情的劇場，對方卻只是經

017

◇ 第一章　妳愛上的，不過是幻想裡的他

過現場的觀眾。這不會構成親密，反而會讓妳長期處於「感動自己」的情緒自給自足狀態。

如何從劇本中覺醒？三個實用判斷法

第一，用行為證據反證幻想。請記錄對方一週內是否曾主動聯絡、主動關心妳的情緒、對妳的未來表達具體回應。如果這些都缺席，妳的想像便無現實基礎。

第二，列出妳對這段關係的期待，逐項與他表現對照。若落差過大，請提醒自己：不是妳太挑，而是妳錯將他當作妳劇本裡的人物。

第三，請第三方評估。親友或諮商者的觀點能提供妳從情緒濾鏡中抽離的視角。妳需要的是現實鏡子，而不是情感放大器。

愛情不能由妳單方面編排，妳要的是共同創作的人生

「對的人」不是讓妳無限配合他的沉默，不是讓妳用幻想去解釋他的冷淡，也不是妳單方面堅持的角色扮演。真正的愛，是看見真實仍願意靠近，是不需要過度詮釋的日常，是雙方共同演出的劇，不是妳一人獨白的長篇小說。

當妳願意放下手中的劇本，才有機會讓生活裡那個真實且適合妳的人進場。他不一定符合妳所有條件，但他會用真實回應妳的真心，那才是值得妳走進去的感情故事。

第二節　當心「對的人劇本」讓妳忽略真相 ◇

「對的人」劇本警示檢核表

自我提問項目	警示指數	風險提醒
我是否對他的條件產生過度詮釋（如工作、外貌、興趣）？	中等	妳可能正將理想型投射到真實人身上
我是否經常替他找藉口合理化他忽略我的行為？	高度	妳正用劇本合理化對方的冷淡與模糊
我是否常常在心中替我們的未來編劇情？	高度	妳的幻想已經超越關係的實際進度
我是否對他認真與否感到模糊，但又選擇相信未來會改變？	高度	妳正在用信念代替事實，這是劇本心態的典型
我是否感覺自己投入甚多，卻無法衡量他是否同等投入？	中高	關係失衡，妳正處於單向輸出的心理危險區

◇ 第一章　妳愛上的，不過是幻想裡的他

第三節　他根本沒那麼好，是妳的想像太甜美

情感映像：她愛的不是他，而是那份久違的悸動

　　吳品涵三十一歲，是位知名手作甜點師傅，性格內向細膩，從大學畢業以來幾乎沒談過戀愛。她一直覺得自己不容易心動，也不善於認識異性。直到某天，老同學邀請她參加一場非營利市集活動，她才終於見到了令她「一眼心動」的男子。

　　那是一位開書店的男子，叫做趙柏安。他穿著簡單的亞麻襯衫，戴著圓框眼鏡，一邊擺書一邊跟顧客談論歷史與哲學。他對她說了幾句話，笑容溫和，語調低緩。那瞬間，品涵心動了。

　　從那天起，她主動到他的市集攤位買書、送點心，甚至幫他寫推薦貼文。她越來越相信，這就是她等了多年的那個人。他不只喜歡閱讀、喜歡動物，還會彈吉他、寫短詩，根本就是文青戀人的標準配備。

　　然而三個月後，這段關係無疾而終。趙柏安從未正面表達過喜歡她，對她的示好多半回應冷淡，甚至曾當面說「我一直以為我們是朋友而已」。品涵難以接受，她問自己：「我這麼努力靠近，為什麼他一點都不珍惜？」

　　後來朋友對她說：「妳愛的根本不是他，是妳幻想中那個『會出現在愛情故事裡』的他。」

第三節　他根本沒那麼好，是妳的想像太甜美 ◇

為什麼妳總是愛上「妳自己想像出來的他」

心理學研究指出，當個體長期處於情感匱乏狀態時（例如：孤獨、無安全感、對未來焦慮），會強化內心對於理想關係的渴望。一旦出現某個在外型或特質上部分吻合的人選，就會迅速啟動情感回應，並填補剩下的部分。

這不是基於對對方的認識，而是基於內心「我終於遇見了」的渴望劇情。這類情感運作常具備以下幾個特徵：

■ 對方的好是「零散片段被妳重組的版本」，不是連貫行為。
■ 對方的冷淡或不明確會被妳合理化成「他只是慢熟」或「他還沒準備好」。
■ 妳感受到的快樂主要來自妳自己的心理補償作用，而非對方具體回應。

這些現象構成了一種名為「情感自我催眠」的現象。在此狀態下，妳越投入，越容易看不到真相，甚至會否定外界給妳的警示。

情感補償心理與理想化幻想的心理機制

理想化，是人在面對不確定關係時的一種防禦性心理操作。妳將對方想得越好，就越不願意質疑他的言行，因為一旦妳懷疑了，就等於打破了自己築起的情感堡壘。

人在建立親密關係時，會傾向於為親密對象「編寫內在形象」，用以

021

◇ 第一章　妳愛上的，不過是幻想裡的他

維持安全感與情感連結的穩定。但當這種內在形象與現實行為脫節時，如果妳仍選擇相信幻想版本，那麼妳愛的不是他，而是妳內心對「被愛」的投射。

妳的想像為什麼這麼甜美？因為妳太渴望愛情

在現代女性生活中，社交圈小、工作壓力大、情緒出口稀少，使得許多人將戀愛當作情緒與精神的救援出口。一旦碰到一位符合部分期待的對象，內心會迅速連接到「終於有希望了」，於是妳願意放下標準、模糊界線，只為了讓這段情感繼續下去。

這種「甜美的想像」來自於兩種錯覺：

一是妳認為「只要再努力一點，他就會懂我」。

二是妳相信「只要他看見我的好，他會自然改變」。

但實際上，如果一個人沒有主動回應妳的關心、明確表示他的心意，那他就沒有參與妳的關係構築。一段成熟關係的起點，應該是雙方意圖清楚、互動對等，而不是妳單方面投入後，不停用幻想延長等待時間。

如何覺察妳正在愛的是幻想而非現實

第一，請列出妳對他的欣賞點，分為「他說了什麼」、「他做了什麼」、「妳想像他是怎樣的人」。如果第三類最多，那妳很可能陷入理想化。

第三節　他根本沒那麼好，是妳的想像太甜美 ◇

　　第二，試著描述他的個性。不是他的興趣、職業、穿著，而是他在與人互動中的具體行為模式，例如他是否傾聽、是否回應、是否尊重妳的時間與界線。如果妳答不出來，表示妳還不了解他。

　　第三，回顧妳們互動中，他主動的行為是否能反映他對妳的情感。若妳是主導者，若他從不表明想法、從不規劃兩人未來，那麼妳在的只是「一人戀愛」的想像場。

拆解幻想的三步驟

　　第一步，將「他看起來是」與「他實際做了什麼」清楚分開。

　　第二步，把妳腦中對他的幻想交由朋友或信任對象聆聽，看看是否過於理想化。

　　第三步，給自己兩週完全不主動聯繫他，看他是否會行動。若他無所表示，就證明妳的想像大於現實。

停止讓幻想遮住了妳的眼睛，才能真正遇見對的人

　　戀愛最危險的不是對方表現得多好，而是妳在他還沒證明自己的時候，就已經給了他一個位置，甚至愛上了妳自己寫的劇本裡的他。

　　妳的真心應該給能夠看見妳、回應妳、願意與妳共同前進的人，而不是留給一個從未主動參與妳人生的陌生人。

◇ 第一章　妳愛上的，不過是幻想裡的他

　　當妳能誠實面對自己的渴望，停止用「他可能會是」取代「他到底是」，妳才真正踏出了愛錯人的惡性循環。

理想化關係自我檢測表

自我提問項目	可能指標	風險提醒
我是否常常幻想與他的未來場景（如結婚、旅行、生活）？	情感投射啟動	妳可能愛的是想像中的他，不是現實的他
我是否欣賞他的特質多來自觀察外表與談吐，而非深入互動？	表層吸引力主導	妳的吸引力基礎不穩固，容易產生落差
我是否習慣替他找藉口解釋他的冷淡或忽略？	合理化偏誤	妳正在自我催眠，讓劇情繼續下去
我是否常主動聯絡、送禮或付出，而他卻反應有限？	付出與回應不對等	單方面輸出感情，會讓妳心理失衡
我是否曾對他的真實個性與價值觀感到模糊？	缺乏現實認識	妳尚未真正了解他，只是在填補空白

幻想與事實對照表

幻想內容	現實驗證問題	可能真相
他對我很溫柔，應該是因為他喜歡我	他是否曾清楚表達過對妳的好感或認真意圖？	他的友善可能只是基本禮貌，非特定情感回應
他總是說話很有深度，表示他是個有內涵的人	他是否在深入話題時關心過妳的想法與價值觀？	談吐得體不代表情感成熟或適合親密關係
他回訊息雖慢，但應該是因為他忙	他對其他人是否也是這樣冷淡，還是只有對妳？	訊息冷淡可能是他不夠重視妳
他沒主動約我，是因為他比較被動	他是否願意主動提出相處計畫與安排時間？	被動可能是他並不積極參與關係
我們一定可以變成很適合的一對，只是現在還在磨合期	他是否有實際行動證明他在投入關係而非拖延？	長期不對等互動顯示他未必認為妳是伴侶選項

第四節
他其實沒那麼喜歡妳，是妳主動太多了

情感映像：她愛得用力，他卻始終不動聲色

簡立潔是一位二十九歲的行銷專員，工作認真、外型亮眼，是朋友口中的 A++ 女孩。她平時生活規律，交友圈也算穩定，但談起戀愛卻總是陷入一種模式：從曖昧到主動，從期待到心累，最後自己黯然收場。

最近她對一位同公司的工程師顧昱誠產生好感。兩人在公司合作過幾次，她發現他不多話，但總是耐心聆聽，對她的提案也表現出肯定。某次下班後他們在電梯裡短暫聊天，昱誠說：「妳今天報告表現得很專業。」

這一句話讓她心跳加速。她開始找機會遞飲料、傳貼文給他看，甚至主動提出週末可以一起參加展覽。對方回應平淡，但也沒有明顯拒絕。她以為這是他慢熱的表現。

過了兩個月，她覺得關係遲遲無法前進，決定開口問他對自己的想法。顧昱誠只簡單說：「我一直以為我們是朋友，我沒有想太多。」

立潔當場愣住，她以為這兩個月的用心會讓他感動。她問自己：「我做了這麼多，為什麼他一點都沒被打動？」

朋友卻回應：「他沒有不動，只是他從沒靠近過。」

◇ 第一章　妳愛上的，不過是幻想裡的他

> 為什麼妳總是忍不住主動？
> 心理學給出三個關鍵解釋

第一，回報預期效應。人類天生傾向於相信「付出會換來回報」。當妳投入心力時，就會不自覺預期對方會有所回應。一旦對方行為曖昧，妳會自動加強行動，而不是暫停觀察。

第二，情感投資成本效應。一旦投入情感與時間，人便不容易抽離，因為妳會認為「都做這麼多了，不繼續下去太可惜」。這種認知模式會讓妳持續推進一段不對等的關係。

第三，自我價值驗證偏誤。有些女性潛意識裡希望透過讓對方喜歡自己，來證明自己的吸引力與存在價值。這類心理會使妳過度放大對方的行為訊號，把他的冷淡解讀成慢熱，把他的沉默當作害羞，進而不斷自我強化投入行為。

> 男性的行動才是他情感的證據

在情感互動中，言語是一種修飾，而行動才是證據。真正對妳有好感的男人，不會只是禮貌應對、不會只是偶爾聊聊天，而是會：

- 主動提出見面、願意安排時間與妳相處。
- 在妳沒有出現時會主動關心、問候。
- 會試圖了解妳的生活，進入妳的日常節奏中。

第四節　他其實沒那麼喜歡妳，是妳主動太多了

■ 會表達未來可一起參與的想像與規劃。
■ 會願意為妳改變自己的作息或行程以配合見面。

若這些都缺席，那麼對方的行為就只是「禮貌型互動」，並不代表情感連結。妳不能只靠對方的一句話、一個微笑、一則回應，就自動展開追愛行動。

主動不等於有掌控權，反而可能讓妳喪失價值

在戀愛初期，適度主動並非問題，但若妳的主動變成持續性的行動發起與關係維繫來源，妳便會從「情感選擇者」變成「關係供應者」，這樣的角色轉換會讓妳在關係中感到疲憊、無力與失衡。

當妳主動給出太多時，對方並不會因此認為妳更值得珍惜，反而會降低對妳的關注與投入意願，因為他不需花力氣就能獲得情緒支持與陪伴。這樣的關係將形成「不對等期望差」：妳期待的是他回應愛，而他接受的是一種無成本的情感照顧。

妳不是沒價值，而是妳讓自己顯得太容易取得

戀愛中的價值感不是來自妳做得多，而是來自妳能否適時後退，讓對方顯露他的真實意圖。當妳願意暫停主動時，才能看見對方是否願意站出來。愛不是妳表現出來就有用，而是對方願意投入才有可能持續。

◇ 第一章　妳愛上的，不過是幻想裡的他

　　停止主動，不是放棄，而是給自己驗證真相的機會。妳所值得的愛，是雙方都願意靠近的溫度，不是妳拚命點火，對方卻從不添柴。

如何判斷妳是否主動過度：三個實用檢測點

　　第一，是否所有的聯絡與互動都由妳發起？若妳停止聯絡，關係是否就終止？

　　第二，妳是否曾安排約會、活動或送禮，而對方只回一句「謝謝」，卻從未回饋？

　　第三，妳是否在對方尚未表明情感立場時，就已經投入情緒與行動資源，並開始思考兩人未來？

　　若這三項妳有兩項以上為肯定，那妳極有可能正在進行一場單邊主導的關係追逐，而非一段雙向互動的親密建立。

妳值得愛，但不該成為愛情裡的勞工

　　真心不是用來證明妳的存在感，而是應該被對方尊重、看見、珍惜。如果妳的愛從頭到尾都是妳在努力、妳在安排、妳在付出，那妳不過是把自己變成一位無給職的戀愛勞工。

　　學會停下，學會觀察，學會等對方也伸出手，這才是成熟關係的起點。妳的主動，應該是基於對方的回應，而不是對方的沉默。

第四節　他其實沒那麼喜歡妳，是妳主動太多了

停止討好與證明，當妳靜下來，就會發現：真正想走近妳的人，從來不需要妳去追。

關係主動性失衡評估表

自我提問項目	傾向指標	風險提醒
是否超過八成以上的聯絡行為由我主動發起？	主導溝通失衡	妳可能已成為單向維繫關係的一方
是否每次約會、見面或活動都是我提出或安排？	互動主動來源偏單向	關係動力完全來自妳，對方並未參與建構
是否我主動送過禮、寫過訊息、準備驚喜，但對方從未回應？	付出與回饋落差大	長期付出無對等回饋，將導致心理耗損
若我停止聯絡，關係是否自然中止？	無回應即失聯	對方未將關係視為重要，妳只是選項之一
我是否總是在等待他的回應、解釋或決定？	被動等待型互動	妳的情感節奏被對方掌控，失去主體性

◇ 第一章　妳愛上的，不過是幻想裡的他

第五節　妳以為他在觀察，其實他根本沒參與這段關係

情感映像：她以為彼此有默契，其實只有她在沉迷

　　陳書瑜三十三歲，是一家影像製作公司的資深剪輯師，個性獨立、審美敏銳。她自認戀愛不是人生的重心，但對於遇見「對的人」仍懷抱期待。某次參加一場紀錄片論壇，她注意到坐在後排的男子全程專注、偶爾微笑，結束後兩人在座談中有簡短交流。

　　幾天後，男子加了她的社群帳號，並點了她幾篇過往的專案文章。她以為，這是他對她感興趣的訊號。於是，她開始私訊分享活動資訊、邀他一起參加電影放映會，也不時傳些新發現的音樂與設計文章。

　　男子多半都有回應，但都是簡單幾句，偶爾已讀不回。她告訴自己：「他應該是在觀察，畢竟有些人需要時間建立安全感。」於是她不斷投入時間與情緒，試圖營造共鳴。

　　兩個月後，她終於開口問他對她的看法。男子回得很平靜：「我一直很欣賞妳的作品，但沒有想過戀愛這件事，我最近也比較想專注在自己身上。」

　　書瑜當晚一夜未眠。她不是因為被拒絕而受傷，而是因為她以為他一直有在靠近，但事實上，他根本沒進場。

第五節　妳以為他在觀察，其實他根本沒參與這段關係

情感參與的核心指標：行動與責任感

判斷一個人是否真正參與一段關係，最重要的不是他說什麼，而是他是否透過行動來建立情感的結構。以下是五個明確參與關係的行為特徵：

- 他主動規劃見面與相處時間，不只應邀而是提出邀請。
- 他願意聆聽並回應妳的內在情緒，而不是僅就話題表層互動。
- 他會主動分享自己的生活內容，包含家庭、壓力與價值觀。
- 他在談論未來時會自然提到妳的位置，哪怕只是初步假設。
- 他願意為妳的情緒承擔責任，例如延遲回應時會說明，讓妳感到被在意。

若這些都不出現，而妳卻已投入大量情緒與互動，那麼妳可能正面對一個「接受妳付出但無意承接」的對象。

為什麼妳總是誤以為他「還在考慮」？

「希望性詮釋偏誤」解釋了這種現象。當人對某段關係產生高度期待時，會傾向選擇性解讀對方的模糊表現，將其視為正向指標。例如：

- 他沒有說喜歡妳，妳解釋為「他怕表白會破壞目前的節奏」。
- 他沒有約妳出門，妳解釋為「他比較慢熱」。
- 他常常不讀訊息，妳解釋為「他可能怕聊太多會讓自己太陷入」。

◇ 第一章　妳愛上的，不過是幻想裡的他

　　這些詮釋的共同點是：它們都維持妳對未來的幻想完整性，避免妳承認當下其實並沒有真實的感情基礎。

停止讓自己成為「補位者」的心理負擔

　　很多女性在這樣的情境裡，不知不覺變成了對方情感生命中的「補位者」。妳提供關心、傾聽與支持，但對方從未承諾或實際進入親密關係。這樣的角色會讓妳長期處於不明確、不安全與不平等的位置中，對自尊、情緒與自我價值感造成慢性傷害。

　　補位者不是戀人，也不是朋友，而是一種模糊地帶的存在。當妳意識到妳提供的價值未被確認，也未被正名，那麼妳應該退一步，而非試圖證明自己值得。

如何辨識對方是否真的在「觀察」還是「缺席」

　　請透過以下三個問題自我檢測：

　　第一，他是否曾主動提及妳們之間的關係定位，哪怕是一種模糊但前進的語言？

　　第二，妳是否是唯一在推進互動、維持聯繫與創造話題的那一方？

　　第三，他是否能夠在妳情緒表達時給予適切回應，而不是冷處理或模糊以對？

第五節　妳以為他在觀察，其實他根本沒參與這段關係

若三項皆是否，請妳停止再對這段互動寄望，因為他並未真正參與。

停止一廂情願的策略建議

一，給自己一個「觀察期」設定。例如，接下來三週內不主動聯絡，觀察對方是否會自然接觸並保持互動品質。

二，與朋友討論自己目前這段情感的進展與內容，聽聽第三方是否覺得妳「太用力」，往往更能反映真實狀況。

三，把「他有沒有進場」當作判斷依據，而不是「他有沒有讓妳心動」。因為心動來自妳，但關係需要他也走進來才成立。

愛是雙方進場，而不是妳一個人演獨角戲

如果一段關係從頭到尾都是妳在努力、妳在維繫、妳在試探，而對方從未真正表達參與意願，那妳所處的根本不是一段戀情，而是一段妳自我延伸出來的感情幻想。

愛的本質是互動，不是等待。願意靠近妳的人，不需要妳引導太多。願意與妳共建關係的人，不會讓妳只靠猜測去愛。

請記住：妳值得一段雙向奔赴的愛，而不是一場單邊無聲的獨角戲。

◇ 第一章　妳愛上的，不過是幻想裡的他

情感參與辨識檢核表

自我提問項目	參與指標	風險提醒
他是否曾主動規劃與我見面的時間與活動？	主動互動與時間投入	若無此行為，表示關係可能單向推動
他是否曾經詢問過我生活中的情緒狀況與感受？	關心與情緒回應能力	缺乏關注妳的感受，顯示他情感參與度低
他是否曾表達對我或我們之間關係的任何正向意圖？	關係意圖的表達	未曾提及關係的可能，顯示他未進入投入模式
他是否曾在沒有我主動聯絡的情況下主動關心我？	聯繫的主動性	聯絡皆依賴妳主動，妳已成為主動維繫者
他是否曾願意調整自己的行程以配合我的安排或需求？	行為上的彈性與配合	無實際配合行動，顯示他未將妳納入生活規劃

第六節　妳覺得自己越來越沒自我，是因為妳在配合一段根本不存在的關係

情感映像：她為了靠近他，逐漸丟失了自己

廖琬婷三十五歲，原本是一位文案總監，工作節奏緊湊，生活重心清楚。某次與朋友聚餐時認識了李紹元，一位從事數位藝術創作的自由工作者。他談吐溫和、觀念前衛，談起生活時帶有一種自在與灑脫，深深吸引了琬婷。

起初，兩人互動斷斷續續。琬婷為了讓關係更靠近，開始嘗試進入他的節奏。她原本早睡早起，卻為了配合他的作息開始晚睡。原本週末會安排健身與讀書，也漸漸改成等待他是否會臨時找她出門。她開始穿他喜歡的寬鬆衣服，聽他推薦的音樂，看他提過的冷門電影，甚至學習他喜歡的攝影風格。

但李紹元從未明確表態。當她問起兩人是不是戀人，他只說：「我們不是很好嗎？為什麼要定義？」

半年後，琬婷辭去了原本的工作，開始接案。她說是為了自由，但內心其實是希望自己可以更彈性地配合他的時間表。她的朋友看不下去問她：「這還是妳嗎？為了一段從沒被承認的關係，妳把妳自己都重寫了。」

◇ 第一章　妳愛上的，不過是幻想裡的他

她沉默了。她終於開始懷疑，自己一直在配合的這段關係，是否根本不存在。

在戀愛中，這種「為了愛而消融自我」的狀況極為常見。當女性處於一段不明確、不對等的關係中時，若對方未明確投入，自己卻不斷為了維繫互動而不斷讓步、改變、調整，就會逐漸與原本的自己脫節。

妳不是在談戀愛，妳是在進行自我抹除

當一個人不再選擇自己的時間，不再表達自己的偏好，甚至不再維持原有的生活節奏，只是為了能與對方維持某種可能性，這不是戀愛，而是心理上的「角色遷就」。

這樣的狀態背後，往往源自一種對親密連結的焦慮與匱乏感。妳害怕失去對方，所以寧可調整自己來保有那一點不確定的連繫。但在這過程中，妳的情緒被擱置，價值觀被稀釋，生活樣貌逐漸由對方的節奏主導，妳失去了選擇，也失去了自主。

心理邊界的模糊：不是溫柔，是自我放棄

「自我邊界」指出，健康的關係應建立在「我與你分明但可交流」的基礎上。然而，當一段關係中只有一方在主動貼合與維持，而另一方未進入共同建構的動態時，自我邊界將開始崩潰。

常見的模糊現象包括：

第六節　妳覺得自己越來越沒自我，是因為妳在配合一段根本不存在的關係 ◇

- 為對方調整生活節奏與時間安排，自己反而疲憊不堪。
- 在未獲得承諾與確認前，先行投資時間與資源。
- 情緒起伏依附於對方是否回應、是否主動。
- 長時間未表達自己的真實想法與需求，只怕破壞關係。

這些現象看似「體貼」，實則是長期壓抑的自我消融過程。

關係不是塑形，妳不該改變自己來配合他喜歡的樣子

在一段成熟關係中，真正適合的人會在互動中自然包容妳的獨特性，而不是需要妳重構自己的生活來遷就他的慣性。若妳開始刻意壓抑、改變與妳個性、價值觀相違的行為，只是為了讓對方覺得妳「適合」，那妳就已經偏離了妳本來的軸心。

戀愛不該是自我塑形，而是彼此靠近。若只有妳在走過去，那終點只會是妳的迷失，而非妳們的相遇。

停止「預支」改變，只因對方尚未表態

許多女性在曖昧或不穩定關係中，會不自覺進入「預支投入」狀態。這意味著在對方還未給出明確承諾前，妳就開始為關係做出讓步與付出，像是提前適應、提前期待、提前配合。

這樣的預支，會造成兩個心理副作用：

◇ 第一章　妳愛上的，不過是幻想裡的他

- 投入與回報不對等感造成內在焦慮，妳會越來越想控制對方反應。
- 自我壓縮與調整造成認同模糊，妳會越來越懷疑自己原來的樣子是否值得被愛。

如何辨識妳正在失去自我：三個檢測提醒

第一，當妳回顧最近的生活安排，有多少是為了「等對方」或「配合對方」而調整？

第二，妳是否很久沒有堅持自己的決定，而總是以「他可能比較喜歡」為前提思考？

第三，妳是否已經不太記得自己原本的日常節奏與興趣，只因大多數時間都用來迎合對方的生活安排？

若妳在這些問題中出現模糊或否定答案，表示妳已經進入過度配合的自我迷失狀態。

妳不需要配合一段關係，妳需要被看見原來的妳

愛情不是透過妳的不斷讓步才會來到。真正屬於妳的關係，不會要求妳放棄自己、不會讓妳疑問自己的生活是否夠好，也不會讓妳變得愈來愈不像妳。

妳值得的，是有人願意靠近妳的節奏、理解妳的狀態、尊重妳的選

第六節　妳覺得自己越來越沒自我，是因為妳在配合一段根本不存在的關係 ◇

擇，而非要求妳成為配合他生活的角色。

　　若妳因為愛一個人，而慢慢失去自己，那這段關係，就不值得妳再留在其中。

自我迷失警示檢測表

自我提問項目	迷失徵兆	風險提醒
我是否曾為了配合他改變原本的生活作息或行程安排？	生活節奏失衡	妳可能已失去自我節奏，進入他人主導的生活框架
我是否刻意壓抑自己的真實想法與情緒，避免對方不高興？	情緒壓抑與自我消音	妳正在壓抑自我需求，將情緒退讓視為維持關係的手段
我是否放棄了自己原本喜歡的活動、習慣或興趣，只為了更貼近他？	興趣與個性自我縮減	為了遷就他而放棄喜好，妳可能已喪失個體魅力
我是否常常覺得自己在關係中沒有立場，只能順著他？	主體性缺失	關係主體性偏離，妳已變成陪襯角色
我是否感覺自己逐漸不像原來的我，而他從未要求我這麼做？	潛在角色抹除	當妳越來越不像妳時，關係本身已不再健康

◇ 第一章　妳愛上的，不過是幻想裡的他

第七節　他若真的想靠近，不需要妳去追，也不會讓妳等

情感映像：她以為再努力一點，結局會不同

蘇瑋庭三十二歲，是國際 NGO 的專案經理，個性穩重、處事得體，對人有界線也有原則。平常工作忙碌，圈子單純，愛情不多，但一旦心動，就會認真經營。

某次她因業務結識了一位建築攝影師陳士杰，對方風格內斂、觀察細緻，幾次聊天都讓她感覺對方理解她的專業與理念。最初的互動像朋友，卻帶著一點曖昧的氛圍。他偶爾會主動傳訊問她的想法，也會說「我們改天可以去那間咖啡館」。

但這個「改天」一直沒有發生。每次她試圖敲定時間，他總說最近太忙或剛接了新案子。她不甘心，於是改變策略：開始主動問候，轉發他可能喜歡的展覽資訊，有時還訂了他提過的甜點店送到他工作室。他會說謝謝，也會回傳一張開心的自拍照，但也僅止於此。

三個月後，她鼓起勇氣問他：「你有想過我們之間可能發展成什麼樣嗎？」他停頓幾秒後說：「我現在真的沒想這些，但我很喜歡和妳聊天。」

瑋庭後來說：「我明明是個有原則、有界線的人，怎麼會變成連別人不回都要自我安慰的人？」

第七節　他若真的想靠近，不需要妳去追，也不會讓妳等

　　她終於懂了，那些她以為是慢熱與觀察，其實只是對方不願靠近，而她一直在向前奔跑。

為什麼妳會誤以為他「需要時間」？

　　這背後多半源自兩種心理機制：

　　第一是「希望性解釋偏誤」。人在渴望關係時，會傾向於以最有利於維持期待的方式解讀對方的沉默或模糊，例如：「他說他最近很忙，不是沒興趣，是剛好時機不對」、「他回訊息晚，但每次回都很有溫度」。

　　第二是「自我確認傾向」。妳對自己吸引力有一定自信，因此當對方表現出曖昧訊號，妳便傾向相信「他其實是有感覺，只是不夠主動」，這使妳不斷以行動去推動對方。

　　然而，心理學家指出，不主動、不明確、不持續，這三者加總的唯一解釋就是：他沒有那麼想靠近妳。

想靠近妳的人，不會讓妳等太久

　　真正在乎妳的人，即使再內向、再忙碌、再慢熟，都會：

- 主動問妳的時間並提出見面安排
- 在妳表達關心或暗示期待後會有積極反應
- 主動分享自己的近況而非僅僅應對

◇ 第一章　妳愛上的，不過是幻想裡的他

■　即便拒絕某次邀約，也會立即補上解釋與後續提議
■　願意在他的日常中空出時間、空間給妳

　　這些都是感情參與的基本行為。若一個人不具備這些特徵，妳再多的主動與包容，都無法真正推進關係的深度。

他讓妳等，不是因為慢熱，是因為不在意

　　很多女性會把對方的遲疑、被動、冷淡歸因為「慢熱」、「怕受傷」、「個性內向」，但若這樣的狀態持續超過四週，仍無明確行動與情緒投入，那麼真正的原因往往是：「他沒有想過要讓妳進入他的生活系統裡。」

　　若他在其他領域都可以主動、有效率、有行動力，卻唯獨對妳的邀約與互動模糊閃躲，那麼，這就不是個性問題，而是意願問題。

妳的等待，是對方情感不確定性的承擔

　　當妳習慣於等待、解釋、主動製造互動時，妳已經替對方承擔了他不清楚、不確定、不願表態的代價。

　　這樣的等待不是溫柔的證明，而是自我消耗的過程。妳把自己放進一段永遠只有一人走動的場景裡，而對方只是偶爾站在原地，回妳一個點頭，就讓妳繼續往前。

第七節　他若真的想靠近，不需要妳去追，也不會讓妳等

停止追逐的五項心理自救行動

一，設定「沉默期限」。若對方在妳最後一次互動後兩週內無主動回應，不再主動製造聯絡機會。

二，記錄他的實際行動與互動頻率，將幻想從感受轉換為可觀察行為。

三，與第三者討論這段互動歷程，從中獲得非情緒性的視角。

四，回到自己的節奏，重新安排妳的生活與重心，減少對訊息回應的期待與情緒波動。

五，告訴自己：「真正想靠近妳的人，不會讓妳等」，並學會用這句話作為每段曖昧期的自我提醒。

真正屬於妳的關係，從不需要妳去追

愛情不是透過主動與等待來爭取的，而是雙方都願意靠近，願意確認，願意共同建立的過程。如果妳發現自己越來越用力，而對方始終沉默，請不要再用妳的真心去換取一份曖昧的期待。

因為那不是愛，是自我內耗。因為真正的愛，從來都會主動靠近。

曖昧狀態辨識檢核表

自我提問項目	判斷關鍵	風險提醒
他是否曾主動提出見面，並完成安排？	行動意願	若總是妳在主動，他可能沒有實際想靠近

◇ 第一章　妳愛上的，不過是幻想裡的他

自我提問項目	判斷關鍵	風險提醒
他是否有明確回應過我對關係的提問？	關係表態	若他始終模糊應對，代表他並不想給出明確關係
他是否在互動中有持續的主動關心與分享？	互動品質	僅有回應無分享，表示互動只是禮貌而非投入
若我停止聯絡，他是否會主動找我？	聯絡主動性	他若從未主動聯絡，妳不是他在意的對象
我們的互動是否有時間與情感的投入，而非僅停留在表面應酬？	情感投入深度	只有淺層對話與敷衍互動，顯示他未將妳放在心理優先層級

第二章
他對每個人都溫柔，卻從沒認真愛過誰

◇ 第二章　他對每個人都溫柔，卻從沒認真愛過誰

> **第一節**
> **為什麼他看起來不壞，卻有第二個妳？**

> **情感映像：**
> **他說他很專情，直到她發現自己只是備胎之一**

　　林書庭三十歲，是位大學行政人員，個性溫和、重視穩定感，談過兩段戀愛都以和平分手收場。她一直以為自己對感情的眼光算穩健，直到她遇上沈澤。

　　沈澤是她朋友的同事，第一次見面就讓她留下好印象。他說話不多，但態度有禮，對她的生活細節總是記得很清楚。第一次約會時，他主動安排電影與晚餐，甚至提前一天打來詢問她的口味。書庭說：「我從沒遇過這麼體貼又細膩的人。」

　　兩人交往三個月，她沉浸在這份「剛剛好」的戀愛裡。他不會讓她沒有安全感，訊息從不間斷，也會定期見面。直到有天，她在他的社群照片中看到一張模糊的背景人影，看起來有些熟悉。她問他是誰，他笑說：「我以前的女同事啦。」

　　幾週後，她偶然透過共用朋友的限時動態，看到沈澤與另一個女生在山上過夜露營，而那位女生的社群顯示，他們已在一起半年。

　　她震驚無比，質問沈澤，對方才坦白說：「我真的很喜歡妳，但她是

我以前就熟識的人,我一直想著怎麼處理才不會傷害妳們。」

她哭著說:「你不是說你最怕背叛別人嗎?」

他低頭說:「我不是壞人,我只是⋯不知道怎麼處理感情的衝突。」

他真的不壞嗎?還是他只是會演?

許多劈腿或多重關係的男性,並非傳統印象中的花花公子,反而表現得溫文儒雅、重情重義。他們很會說「我最怕對不起人」、「我從不輕易交往」、「我會負責任」這類話語。

但這些說法真正的功能不是向妳表達承諾,而是讓妳降低防備,延長信任時間。在心理學中,這屬於一種「情感策略性話術」,透過語言操控營造道德形象,使對方誤以為他是值得依靠的戀愛對象。

這種人不是不知道自己同時與兩人發展感情的嚴重性,而是選擇性忽略這件事,並用道德修辭遮掩事實的複雜性。

他怎麼做到的?三種典型的行為表現

第一,他總是合理化延遲回應:「我最近案子太多」,「我最近在照顧家人」,讓妳以為他的不穩定是因為他生活很辛苦。

第二,他對所有人都「不錯」,讓妳覺得自己並不特別,因此即使心裡覺得怪,妳也無法要求他只對妳好。

◇ 第二章　他對每個人都溫柔，卻從沒認真愛過誰

第三，他會在妳質疑時展現柔弱：「我真的很矛盾」、「我不是花心的人」，讓妳產生同情與猶豫，進一步延後妳的離開。

妳以為他只是還沒整理好，其實他早就選擇好了模糊

有些男性不是無法選擇，而是選擇了不選。這種不選讓他得以同時享有兩段甚至多段情感來源的供應：他可以從不同對象獲得關心、情緒支持與身體滿足，但卻不需要承擔對應的責任與清楚表態的壓力。

他維持模糊，妳就會繼續等待；他不表態，妳就不敢撤退。久而久之，妳變成他生活中的「情緒備援系統」，不是戀人，只是一個他捨不得放手但也不願靠近的人。

劈腿者的自我說服：
我不是壞人，只是不知道怎麼處理

心理學家認為，許多劈腿男性並非完全沒有道德感，而是進行了自我合理化。這種心理機制會讓他告訴自己：

「我其實愛她們每一個人，只是表現方式不同。」

「我沒有明說，就不算欺騙。」

「等我理清楚再做決定，這樣比較負責。」

這些語句表面聽來體面，實則是情緒責任的逃避。他們將選擇推遲，將情緒投資外包，讓對方承擔關係的進退不明與情緒代價。

他看起來不壞，但那不代表妳該留下來

一個人看起來體貼、有教養、有禮貌，不代表他就是值得托付的人。真正的好，不是「會說」，而是「能承擔」；不是「讓妳感動」，而是「讓妳安心」。

妳需要的是一個願意清楚面對關係、尊重妳投入、不讓妳懷疑自己價值的人，而不是一個永遠在邊界徘徊的模糊者。

當妳開始懷疑自己是不是想太多，請記得：真正有心的人，不會讓妳這麼常懷疑他。

多重關係風險辨識表

自我提問項目	風險指標	風險提醒
他是否曾對與我以外的異性交往史模糊不清、避重就輕？	過往關係隱匿性高	他可能在隱瞞或同時經營其他關係
他是否與我互動穩定，但從不在社交場合公開我們的關係？	關係未公開化	他不願承認關係，可能是已有其他對象
他是否曾有言語上的承諾，但始終沒有實際行動表現？	承諾落空頻繁	言語與行動脫節，顯示關係不穩定
他是否經常無法即時回應，理由多為工作或生活瑣事？	情緒連結間斷	長期回應延遲可能是分心於其他關係
我是否經常感覺到他對我好，卻又說不出具體的關係定位？	關係模糊策略	關係定位模糊是多重關係者常用手段

◇ 第二章　他對每個人都溫柔，卻從沒認真愛過誰

第二節
花心其實是深層焦慮與自我認同缺口

情感映像：
他說他只是想要被了解，其實是情感不安全的投射

　　黃郁婕三十一歲，是一位旅遊影音平臺的企劃，樂觀外向、對感情有熱情但不盲目。某次在跨界合作會議中，認識了身為主講人的陳政邦，他不僅表達力強，也擁有豐富的海內外工作經驗與多采生活。會後政邦加了她的社群帳號，幾天內便發展出密集互動，常在深夜交換想法與生活感受。

　　短短兩週後，他提出交往邀請。郁婕感受到前所未有的情感連結。她覺得他不同於其他男生，不僅主動關心，還能理解她的工作焦慮與人生迷茫。她相信，這是可以走長久的戀愛。

　　然而交往不到一個月，郁婕偶然發現政邦在社群中與另一位女性曖昧留言，甚至有一些互動紀錄早在她與他交往前就已存在。當她質問政邦時，他說：「我不覺得這是背叛，我只是還沒準備好只屬於一個人。」

　　他還補充：「我對每一段關係都是真心的，只是我還在找一個真正能懂我的人。」

第二節　花心其實是深層焦慮與自我認同缺口

郁婕的心當下像跌進空洞。她說：「我原以為花心是輕浮的表現，沒想到他花心得這麼誠懇，甚至讓我懷疑，是不是我還不夠懂他？」

他為何不斷尋找新關係？因為他不敢穩定下來

花心背後有時藏著以下三種深層心理動因：

一，自我認同不穩。這類男性對「自己是誰」缺乏穩定感，因此透過他人情感反應來強化自我價值。每一段新戀情，都是一次「被喜歡」的重新確認。

二，情感焦慮型依附。他們可能在童年經歷忽視或失落，導致他們在面對親密時，既渴望又恐懼。靠近一個人太久，會讓他覺得不自在，於是透過分散情感來逃避深入。

三，存在性焦慮逃避。他們害怕面對生活中真正的空洞與責任感，愛情變成一種麻痺劑。透過戀情轉移內心焦慮，是他們處理失控感的方式。

多重關係是他的「心理止痛劑」，卻讓妳成了犧牲者

在情緒未成熟的男性心理結構裡，多段戀愛如同分散投資。他不會把風險壓在一個人身上，因為那代表失去控制。他寧可同時維持幾段淺層關係，也不願意對一段關係深耕並承擔其中的不確定。

對妳來說，這樣的模式意味著：他會在妳開始投入時後退，在妳準

◇ 第二章　他對每個人都溫柔，卻從沒認真愛過誰

備對未來負責時模糊。他讓妳懷疑自己是不是太黏、太早投入、太要求明確，甚至讓妳質疑自己是否值得被單一選擇。

實際上，妳不是問題。他的問題是，他無法處理親密。

為什麼他對妳那麼好，卻還要分心愛別人？

因為他學會了怎麼讓別人感受到愛，卻還沒學會怎麼對一段關係負責。他擅長情感經營，但無法承擔關係帶來的義務。他能夠同時愛好幾個人，因為對他來說，「愛」是一種感覺，不是選擇。

而真正成熟的愛，是願意關上其他門，選擇留下來的那扇。

妳該同情他嗎？該原諒他嗎？

理解他的焦慮，不代表妳該原諒他的傷害。心理動因可以被理解，但行為造成的後果需要被承擔。

妳不需要為了他的不安全感調整自己，更不需要為了他的恐懼而降低妳對關係的期待。妳可以同情他的脆弱，但妳更需要保護妳自己的完整。

第二節　花心其實是深層焦慮與自我認同缺口

> 真正的深情，不是讓很多人感動，
> 而是讓一個人安心

如果一個人說他對妳是真心的，卻無法為妳清楚劃出情感界線，那麼他的真心就不是妳能承受的禮物。

他或許不是壞人，但那不代表妳該留下來成為他未解課題的代償品。妳值得被完整地愛，而不是成為某人焦慮時短暫的安撫對象。

如果他還沒準備好愛一個人，那妳更應該選擇愛好妳自己。

情感焦慮型花心特徵檢測表

自我提問項目	心理特徵	風險提醒
他是否總是需要被肯定，並對外界讚美特別敏感？	自我價值不穩	他透過被喜歡確認自己存在價值
他是否在每段關係初期都極度熱情，但無法持續深耕？	情感投射速度快但持久力差	戀愛對他是吸收能量，不是建立連結
他是否同時與多人維持曖昧聯繫，卻都說只是朋友？	避免承擔專屬關係的責任	模糊互動有利於維持多重關係
他是否談到親密關係時常說「怕被束縛」或「自己還在探索」？	親密恐懼與自主焦慮交錯	他用探索作為不選擇的理由
他是否會因小衝突或妳的情緒需求而快速冷淡或逃避？	情緒承擔力低，傾向逃避衝突	他無法處理妳的需求，容易讓妳內耗

◇ 第二章　他對每個人都溫柔，卻從沒認真愛過誰

第三節
劈腿男的語言術：感性說法背後的操控術

情感映像：他的溫柔話術，其實是逃避的煙幕

張怡臻二十七歲，是一位在出版社工作的編輯，擅長與人溝通，思慮細膩。她在朋友聚餐中認識了徐智遠，一位在非營利組織任職的專案顧問。他幽默而內斂，談吐中帶有一種理想主義者的氣質，吸引了怡臻的注意。

兩人迅速發展感情，智遠會主動傳早安晚安、分享生活瑣事，偶爾會說：「和妳說話的感覺，真的像在家一樣。」這樣的語句讓怡臻漸漸陷入。她以為自己終於遇到懂她又溫柔的人。

直到有天，她在他的筆記本中無意間發現一封印出來的信，開頭寫著「親愛的思璇」，內容滿是情感傾訴。她質疑智遠，他說：「我不想妳誤會，她只是我曾經沒走完的一段感情。」

怡臻問：「那妳現在還跟她聯絡嗎？」

智遠低聲說：「我沒有辦法完全斷掉，但妳才是我現在想努力經營的對象。」

怡臻想離開，智遠拉住她的手說：「我真的很珍惜妳，請妳給我時間，妳這麼懂我，不是嗎？」

第三節　劈腿男的語言術：感性說法背後的操控術 ◇

　　她最後沒走，因為她被他的語氣打動。直到三個月後，她終於發現他仍與思璇保持密切聯絡，還在週末同時和兩人約會。

　　她後來說：「他沒有罵過我、沒有不耐煩、甚至一直說他愛我。但他做的每一件事，都是在逃避承擔。」

情緒話術不是誠意，而是心理操控技術

　　妳曾聽過他說：

- 「我從沒這樣對一個人付出過。」
- 「我不是不愛妳，我只是現在真的很亂。」
- 「妳比我自己更了解我。」
- 「如果我能早點遇見妳，或許一切就不一樣了。」

　　這些話語背後常常沒有具體行動支持，但它們的效果驚人。妳會因這些語句感動、心軟、選擇留下來，甚至開始替他想藉口，認為他只是情感混亂、內心受傷，還沒準備好。

　　實際上，這是一種「語言的精準模糊」。這類語言有三種心理作用：

- 製造情緒場域：讓妳感覺被看見、被理解、被選擇。
- 轉移對錯焦點：讓妳將注意力從他的不忠轉向他的情緒痛苦。
- 延後承擔行動：讓妳覺得現在離開是殘忍的，是不給他機會的。

◇ 第二章　他對每個人都溫柔，卻從沒認真愛過誰

三種常見的情緒操控語言型態

一，感性逃避型語言

特色是大量使用情緒詞彙，但缺乏具體表態。

如：「我現在真的沒有力氣談清楚，但我很在乎妳。」

這讓妳心疼他、延後質問，但也讓妳成了「情緒支援者」，不是伴侶。

二，責任模糊型語言

特色是語句有溫度，但無承諾。

如：「我沒有辦法決定太快，這樣對妳也不公平。」

這表面上是為妳好，實則是為他拖延爭取空間。

三，關係過度肯定型語言

特色是強調妳的獨特，讓妳產生被選擇感。

如：「從沒有人像妳這樣懂我。」

這種話會讓妳自我放大自己的價值，進而承受他帶來的混亂。

妳不是被他騙，是被妳的信念牽著走

在這些話術中，妳之所以無法抽離，不是因為妳不理性，而是因為妳過度相信一個觀念：只要他說愛我，那就有機會改變一切。

妳以為愛是解方，其實愛只是語言，他的行動才是答案。

第三節　劈腿男的語言術：感性說法背後的操控術 ◇

當一個人用情緒說話卻沒有實際改變，那些語句只是糖衣，而妳吃進的，不過是空白。

如何辨識語言是否具操控性：三項檢測原則

一，他是否說了讓妳感動的話，但行為卻毫無對應？

二，他是否用情緒來拖延、混淆妳的邏輯判斷？

三，他是否總是在妳準備離開時才說出強烈表白？

若以上皆符合，妳所聽到的話不再是溝通，而是情緒控制手段。

會說不等於會愛，懂感動不等於願承擔

愛情中的言語應當是行動的延伸，而不是行動的替代。當一個人總是在語言上溫柔，卻在行動上冷淡，他的愛只是策略，不是選擇。

妳該相信他的話嗎？不，妳該相信的是：當一個人真的愛妳，他不會讓妳只能靠語句來維持這段關係。

情緒操控語言辨識清單

常見語句	話術類型	操控特徵
我不是不愛妳，我只是現在太亂了。	感性逃避型	用情緒轉移注意，避免處理實質問題
我沒辦法現在就做決定，那對妳不公平。	責任模糊型	以溫柔話術拖延承諾或關係定位

◇ 第二章　他對每個人都溫柔，卻從沒認真愛過誰

常見語句	話術類型	操控特徵
從沒有人像妳這麼懂我。	關係過度肯定型	讓對方產生被選擇的錯覺，延續投入
我不想妳誤會，她只是我生命中重要的一部分。	過往關係包裝型	將過去關係合理化，模糊現實立場
如果我能早點遇見妳，一切就不會這樣。	宿命式推責型	讓對方感覺這一切是命運錯置，而非他的選擇

第四節 「犯錯一次就不會再犯」？這只是情緒保證書

> 情感映像：
> 他道歉了，她以為他會改，結果他只是更會說了

蔡筠涵二十八歲，是一位幼教老師，個性溫柔體貼、情緒敏銳。她的上一段戀情讓她深陷三年，其中最難抽離的，不是分開本身，而是「原諒」這件事的反覆。

她的前男友吳建宸，是她在健身房認識的同班學員，外型乾淨、談吐穩重。交往第一年對她呵護備至，幾乎每天早晚問候不間斷，假日必定安排兩人時光。她覺得自己終於遇到能共度未來的對象。

直到第二年，她發現他在社群上與另一位女性私訊密切，內容充滿曖昧與親密稱呼。她質問之下，建宸坦承「跟她只是聊天曖昧而已，沒有實質行為」，並立刻說要斷聯，並對她道歉：「我只是情緒空窗，不代表我不愛妳。」

他跪著道歉、刪除對方、封鎖聯絡方式。她選擇原諒，因為他哭著說：「妳是我想走一輩子的人，我真的會改。」

但不到三個月，她又發現他在交友平臺上創建新帳號。她再度質問，他仍道歉：「我不知道為什麼控制不了，但我真的沒有對不起妳的行動。」

◇ 第二章　他對每個人都溫柔，卻從沒認真愛過誰

她問自己：「是不是我沒給他足夠安全感？是不是我該再相信一次？」

第三次他被抓包時，她才徹底崩潰。她說：「我不敢相信一個人可以那麼會道歉，卻從不改變。」

道歉不代表願意改變，道歉只代表他想被原諒

許多男性在劈腿被抓包時，第一時間不是處理傷害，而是處理對方的情緒。這種模式有三個常見階段：

第一，懺悔：「我真的對不起，妳對我太重要了。」

第二，說明：「我不是故意的，我只是情緒低潮，不知道自己怎麼了。」

第三，保證：「這次真的是最後一次，妳再給我一次機會。」

這些語句聽起來飽含情感、理性與責任，卻有一個共通點：它們都停留在語言層面，沒有對未來行為的具體改變計畫，也沒有行為模式調整的承諾。

換句話說，他不是想處理問題，而是想快速關掉妳的情緒風暴，恢復關係表面的平靜。

第四節 「犯錯一次就不會再犯」？這只是情緒保證書

情緒保證書的本質：讓妳安靜下來，而不是讓他改變行為

我們可以將這種道歉稱為「情緒保證書」，即一種利用懊悔語言換取情緒寬恕的操作方式。這種行為有三大心理效應：

- 降低妳對他的行為追究強度，因為他看起來已經「很自責」。
- 重新贏得妳的信任感，讓關係回到既有結構。
- 延後自我調整的壓力，因為他知道妳會再次給機會。

情緒保證書之所以有效，是因為它不違反感情道德，也不帶有明顯操控語言，反而用「悲傷」與「懊悔」偽裝成誠意。

但請記得：眼淚不是承諾，道歉不是行動。

真正的改變，需要具體三大要件

一個人的行為改變必須具備三個心理要件：

- 自我察覺：意識到自己的行為與他人造成的影響。
- 行為矯正：對原本習慣進行具體替換與控制。
- 持續監測：設定原則並在新情境中持續執行，不再重蹈覆轍。

若一個人在劈腿後只說自己會改，但無法回答他會「怎麼改」、「改什麼」、「何時確認」，那這份保證便如空頭支票。

◇ 第二章　他對每個人都溫柔，卻從沒認真愛過誰

為什麼妳選擇再原諒？
因為妳不想相信他會變不了

女性在面對伴侶出軌時，選擇原諒並非全然因為情感眷戀，更多時候是出於「心理投資保護機制」。

妳投入了一段時間、真心、期待與承諾，若對方真的不可改變，妳的這一切就等於全盤損失。但如果他能改，那麼這段感情還值得再試一次。

但妳要問的，不是他會不會改，而是：他現在是否已經開始改變。若妳只能從他的語言而非他的生活中看到變化，那就代表一切仍停留在懺悔階段，離成長遙遙無期。

道歉不是改變的終點，是改變的開始

一個願意改變的人，不會只是說：「對不起。」他會說：「我知道我哪裡錯了，這是我下次會怎麼做。」

他會主動建立信任的重建機制，主動關閉過去錯誤的通道，主動接受妳的失望與質疑。他知道他所造成的，是一段關係的崩塌，而非一場情緒意外。

妳有原諒的能力，但妳不該讓這份能力變成妳被操控的理由。真正值得妳留下的，不是會說對不起的人，而是願意改變、也實際行動的人。

第四節 「犯錯一次就不會再犯」？這只是情緒保證書

情緒保證與真實改變辨識表

表現內容	屬性判斷	辨識要點
他在劈腿被發現後立刻落淚並道歉	情緒保證	情緒強烈但無行為對應，目的是爭取原諒
他說他會改變，但無說明具體做法	情緒保證	語言模糊，未具備改變策略
他在幾天內恢復正常對話，像沒事發生	情緒保證	關係回歸常態，無反省行為
他刪除對方聯絡方式，但未建立任何關係透明機制	情緒保證	表面處理但無機制建構，易重犯
他主動安排未來的計畫，並定期檢視關係進展	真實改變	有具體計畫與承諾，並有行動追蹤

◇ 第二章　他對每個人都溫柔，卻從沒認真愛過誰

第五節　花心不一定是壞人，但一定是情緒不穩定的風險因子

情感映像：她原諒了他的不安，卻沒逃過他的混亂

李佩珊三十四歲，是一名室內設計師，獨立有想法，過往感情經歷單純。她在一次業主推薦的飯局中認識了許博仁，一位創業中的木工職人。博仁溫柔、不急躁，與她過往交往過的快節奏、邏輯導向型男性截然不同。

交往初期，博仁坦承自己曾有過幾段感情，同時承認自己在情緒處理上並不成熟。他說：「我以前很容易想逃避，我怕親密，我也怕傷害別人。」佩珊心疼他的坦率，也因此認定他是一個「在自我療癒」中的人。

她給了他很多空間。當他說最近有點壓力，不想出門時，她會主動送餐過去；當他不想解釋和某位女性的訊息往來，她選擇相信他的理由。

有天，她收到一位陌生女子傳來訊息：「妳知道他這段時間也跟我在一起嗎？」對方提供了對話紀錄與合照，證據明確。

佩珊質問博仁，他沉默很久，只說：「我真的不知道自己在幹嘛，有時候我只是想逃開自己的混亂。」

她很想相信他不是壞人。她說：「他沒有刻意傷害我，但他讓我受了最深的傷。」

第五節　花心不一定是壞人，但一定是情緒不穩定的風險因子

「我不是不愛你，我只是情緒太亂」是一句危險的真話

這句話常出現在花心或反覆犯錯的男人口中。他們說出來不是為了操控，而是因為那真的是他們的內在狀態。他們在愛的過程中無法平衡：

- 對親密的渴望與對失去自由的恐懼
- 對被愛的需求與對自我價值不足的懷疑
- 對責任的理解與對失敗的極端害怕

這些內在張力，讓他們在關係中反覆搖擺。當面對妳的愛，他覺得被需要很好；但當這份愛帶來期待時，他卻無力承擔，於是想逃。這種「混亂的依附邏輯」會讓他不斷陷入曖昧、不清楚、不長久的互動中。

他不是有意騙妳，但他的不穩定讓妳始終無法安心。

情緒不穩的人，會不自覺對關係造成哪些傷害？

一，過度依賴對方來證明自己有價值

他需要被愛、被肯定、被在乎，這些需求甚至高於他想給妳什麼。他愛妳時，其實是愛妳讓他感覺良好的那個部分。

二，在壓力下逃離，而不是調整

他無法面對情緒波動，因此一有爭執就想沉默、斷聯或「冷靜一下」，但實際上他不是在處理，而是在壓抑與拖延。

065

◇ 第二章　他對每個人都溫柔，卻從沒認真愛過誰

三，經常在不同對象間尋找平衡與補償

當一段關係給不了他情緒安慰，他很快就會尋求另一個出口。這不是因為他無情，而是因為他情緒無法自我調節。

為什麼妳會留下？因為妳把他的混亂當作創傷

很多女性在面對這樣的男性時，會覺得他不是壞人。他說出自己曾有家庭缺失、童年創傷、情感受挫的歷史，讓妳產生同理心。妳覺得他只是還沒好，不是不能愛。

於是妳願意陪伴，甚至把他的不穩當作是一場可以療癒的過程。但妳沒發現，妳已經不是在談戀愛，而是在做心理照護。

妳不能拯救一個不自願穩定下來的人

妳可以同理他的脆弱，但妳不需要為他的不穩定買單。改變不是妳的責任，而是他的選擇。

妳要問的不是「他是不是壞人」，而是「他現在的狀態，適合一段穩定且健康的關係嗎？」

若答案是否，那麼即使他看起來溫柔、有才華、坦率、真誠，妳也不應該將未來交託給一個無法面對自己的人。

第五節　花心不一定是壞人，但一定是情緒不穩定的風險因子

溫柔可能是他的樣子，但穩定才是愛的根本

情緒不穩定的男人，不一定是壞人，但他們絕對是高風險的關係對象。他們沒有惡意，卻會因反覆的模糊、退縮與不一致，消耗妳的安全感、自信與希望。

妳不需要等待他變好，因為妳值得一個現在就能讓妳安心的人。

不要再問「他是不是故意的」，而要問「我還要多久才能開始好好過日子？」

情緒不穩定型花心行為特徵表

行為表現	心理根源	風險提醒
與伴侶互動密集時突然疏離，情緒起伏大	缺乏穩定依附與內在情緒調節機制	情緒不穩可能造成關係的不確定與反覆拉扯
在關係中不願承諾，但又不斷強調感情真誠	害怕承擔責任，又渴望被愛與認同	無法提供穩定親密，容易導致對方長期焦慮
爭吵時選擇消失、斷聯，而非討論解決	面對衝突會啟動逃避性自我保護	衝突中缺乏對話，導致誤解與距離擴大
同時與多位異性保持曖昧，但自認無背叛行為	透過多元互動分散情感焦慮	模糊曖昧關係結構，使伴侶失去信任感
過度依賴伴侶提供情緒安撫，自我調節能力低	對情感界線不清，情緒依賴性強	妳可能被當作情緒支撐者，而非平等的愛人

◇ 第二章　他對每個人都溫柔，卻從沒認真愛過誰

第六節
妳原諒他，可能只是在延長妳的傷害期

情感映像：她選擇留下，卻發現只是延後痛苦

　　王湘芸三十三歲，是一位人資主管，理性幹練，工作上擅長判斷與處理人際關係。但她沒想到，在愛情中，她卻無法做出一次果斷的選擇。

　　她的男友林志成，是她朋友介紹的建築師，穩重有才華，兩人交往將近一年。交往初期一切順利，但某天，她發現志成手機裡有與前女友的聯絡紀錄，兩人見面、喝酒、還有曖昧語氣。

　　志成沒有否認。他說他那天心情低落，想找熟悉的人說話，事情發生得突然，也沒有超出底線。他哭著向她道歉，請求原諒：「我真的不知道自己在做什麼，但我不想失去妳。」

　　湘芸選擇了原諒。她認為自己不是小題大作的人，並且相信每段感情都會遇到考驗。她願意給對方機會。

　　但接下來的日子，她變得容易焦慮。對方一消失、晚回訊息，她就開始猜測。她變得敏感、易怒、無法集中注意力。她發現，即使他停止聯絡對方了，她也再也無法相信這段關係了。

　　三個月後，她結束了這段感情。她說：「原諒他不是錯，而是我在錯的時間點選擇原諒。」

第六節　妳原諒他，可能只是在延長妳的傷害期

> 妳選擇原諒，不是為了他，
> 而是為了妳想繼續相信的愛情

人在面對親密關係中的背叛時，往往會產生一種「失衡恐慌」：過去的情感投資、期待與計畫突然失去支點，若選擇離開，等於全部歸零。

這時，選擇原諒變成了一種情緒性的修復行為，並非真正基於對方行為的認同，而是希望藉由維持關係來避免崩塌感。

原諒在此時變成一種「暫時性心理止痛劑」，妳試圖透過繼續愛他、繼續給他機會，來安撫自己「一切還沒結束」的不安。

但這樣的原諒，往往無法真正修復關係，只是延後痛苦。

情緒性原諒的四個常見陷阱

一，把原諒當成修復的捷徑

妳以為道歉就該換來諒解，但實際上，信任的重建需要具體行動，而非一句「對不起」。

二，把原諒當成自我證明的能力

妳不想成為斤斤計較的人，於是逼自己大度原諒，來維持自己是「成熟戀人」的形象。

◇ 第二章　他對每個人都溫柔，卻從沒認真愛過誰

三，把原諒當成延續未完成關係的機會
妳希望這段關係還有可能性，於是以原諒為理由留下來，試圖從他身上實現未完成的期待。

四，把原諒當成解決焦慮的暫時手段
妳害怕面對空窗與分手的痛苦，原諒成了延後告別的手段，但情緒焦慮卻並未因此平息。

真正的原諒，需要具備三個條件

一，對方有行為層面的具體改變意願與行動
不只是道歉，更包括願意配合妳建立信任重建機制，例如分享行程、開放溝通、進行情緒管理協議。

二，妳有機會表達真實情緒，且被他尊重與接住
如果妳在原諒後不能提、不敢提這段傷害，那這不是修復，而是壓抑。

三，關係互動回歸對等，而非妳成為「情緒寬容提供者」
原諒不能讓妳淪為他再次犯錯的緩衝墊，而應讓妳獲得更堅實的界線與話語權。

第六節　妳原諒他，可能只是在延長妳的傷害期

延長傷害期的另一種形式：妳繼續留下，但信任早已死去

許多女性在選擇原諒後，會陷入「半信半疑但不敢離開」的狀態。這段期間最常出現的心理現象包括：

- 情緒起伏大，容易因小事引發猜忌與懷疑
- 自尊感下降，開始懷疑自己「是不是太敏感」、「是不是太嚴格」
- 對伴侶不敢提出要求，怕又被貼上「不夠成熟」、「不給空間」的標籤
- 關係缺乏前進動能，卡在僵局卻無法自拔

這種狀態，其實比分手更痛苦。因為妳還在裡面，但妳已經失去了能量與信任。

妳不需要一直原諒，妳需要的是被尊重

真正成熟的關係不是完美無缺，而是犯錯之後願意共同修復、共同承擔、共同重建。原諒不是逃避問題的出口，而是建立更強大自我的起點。

如果妳發現自己的原諒沒有換來對方的行動、沒有帶來關係的改變，也沒有讓妳內心平靜，那妳該給的不是寬容，而是結束。

愛是選擇，而原諒更是選擇。妳有能力選擇原諒，也有權利選擇不再為了一個無法改變的人延長自己的傷害期。

◇ 第二章　他對每個人都溫柔,卻從沒認真愛過誰

原諒與延長傷害辨識表

行為或情境	屬性判斷	辨識提醒
對方道歉後,我馬上選擇原諒,沒有討論未來改變方案	延長傷害	缺乏行為協議與修復結構,無助於信任重建
原諒後,對方無具體改變,卻要求我不要再提過去	延長傷害	被情緒勒索以「不要再提」為條件,壓抑真實感受
我持續懷疑與焦慮,卻又無法主動終止關係	延長傷害	進退維谷,心理耗損大,處於不健康關係循環
我原諒他,是因為我怕面對分手後的孤單	延長傷害	原諒變成拖延,無法結束關係也無法療癒自我
他再次犯錯,我卻覺得自己沒資格再生氣	延長傷害	關係權力失衡,導致自責取代應有情緒界線

第七節　如何反制情感操控？用策略思維拆解花心模式

> **情感映像：**
> 她學會了理性看待愛，也不再把原諒當武器

邱亭妤三十歲，是一家科技公司產品部門的資深行銷企劃，個性自律、做事果斷。她的戀愛紀錄不多，但每一次都全心投入。兩年前，她曾與一位名為劉柏謙的品牌總監交往，兩人因工作合作認識。

柏謙給人的感覺總是溫文有禮、非常體貼。他會記得她每次開會後的疲憊，也會主動帶早餐、安排週末旅行。亭妤感覺自己被好好地對待與照顧。

但就在交往五個月後，她發現他與另一名女同事訊息過於頻繁，還有曖昧稱謂。她質問後，柏謙坦承兩人有曖昧過，但他強調：「我從來沒有傷害妳的意圖，我只是還沒學會怎麼面對自己的情感。」

他說自己成長過程缺乏情感依附，因此在面對深層情感時會逃避，偶爾想證明自己「還是有人需要」。他向她保證自己會努力，不會再讓她受傷。

亭妤原諒了他一次。但半年內，他又出現與第三人訊息曖昧，理由仍是：「我沒控制好，但我真的最珍惜的是妳。」

◇ 第二章　他對每個人都溫柔，卻從沒認真愛過誰

　　那天晚上她平靜地說分手。他驚訝地說：「我以為妳這麼懂我，會再給我一次機會。」

　　她只回了一句：「我懂你，但我更懂我自己。」

拆解花心操控者的三種核心策略

一，利用妳的理解力與同情心延後對錯評斷

　　他會說：「我不是壞人，我只是還沒整理好自己。」

　　或是：「我真的很努力愛你，只是有時候太混亂。」

　　這些語言不是惡意謊言，但卻是策略性的自我定位。他不是在承擔行為後果，而是讓妳先承擔他沒準備好的情緒狀態。

二，操控妳對「自己形象」的期待

　　他會說：「妳是這麼成熟的人，不會像其他人那樣無理取鬧。」

　　這讓妳在生氣時無法表達真實憤怒，因為妳會自我懷疑：「我是不是太情緒化？」

　　他用妳的理性壓住妳的憤怒，讓妳變成「情緒合理化執行者」。

三，以「成長中」的形象爭取時間

　　他說：「我不是不想變好，只是還在努力。」

　　這讓妳變成陪伴者角色，將妳拖進他的「改變過程」中，等於同時替他承擔他自己的進度表。

　　但改變不能無限期等待，特別是對方沒有任何行動表現的情況下。

第七節　如何反制情感操控？用策略思維拆解花心模式 ◇

反制的第一步：切斷情緒共鳴的自動機制

妳要做的不是立刻反駁他，而是「不再回應他的情緒波動」。具體做法包括：

- 拒絕在他哭泣時立刻安撫，等待他自己平靜後再進行溝通
- 拒絕為他的不確定提供情緒翻譯與補償
- 拒絕繼續就同樣的問題重複談判，而是要求具體行為對應

情緒不該是妳留下的理由，行為才是。

反制的第二步：建立行為界線，而非道德勸說

當他再次犯錯時，不要說：「你怎麼可以這樣對我？」
而是說：「若你再次選擇這樣的行為，這段關係將終止。」
這不是懲罰，是界線。
妳要讓對方知道：「行為帶來結果，不是情緒可以擋下來的。」

妳要的不是他多愛妳，而是他是否願意為這份愛負責

太多女性被對方說出的一句「我真的愛妳」留下，卻在一次又一次的失信與反覆中傷痕累累。

◇ 第二章　他對每個人都溫柔，卻從沒認真愛過誰

妳要問的不是「他還愛不愛我」，而是「他是否準備好為這段愛承擔責任？」

若他的愛只存在語言與眼淚中，那這段關係只是情緒的延伸，不是成熟的親密。

懂策略，是妳最強大的情感保護力

反制情感操控的關鍵，不是對抗，而是抽身。不被捲進他的敘事，不再因為他的道歉而自我妥協。

妳不需要一個總讓妳失望後再哀求原諒的人，妳需要一個能在愛妳時穩定、負責並一致的人。

策略不是冷血，而是保護。懂得抽離，是智慧的開端，而不是殘忍的選擇。

花心操控型對話策略辨識表

常見語句	操控策略類型	辨識提醒
我不是壞人，只是還沒整理好自己。	自我定位逃避責任	避開行為責任，轉向情緒理解爭取原諒
妳這麼理性，應該能理解我不是故意的。	形象投射壓抑對方情緒	將妳的理性當作壓制妳的工具
我知道我有錯，但請給我時間改變。	延遲行動博取信任	用未來承諾拖延當下改變
我對每段關係都是真心，只是都還沒走完。	多重關係合理化	美化不忠行為以模糊倫理界線
如果妳現在離開，我真的會崩潰。	情緒綁架式挽留	利用妳的憐憫心維繫主導關係

第三章
他說怕被綁住,其實從沒準備留下

◇ 第三章　他說怕被綁住,其實從沒準備留下

第一節
為什麼他可以熱情追妳,卻不想負責?

情感映像:
他讓她以為是命中注定,卻只是不想承諾

　　林芷恩三十一歲,是一位劇場演員,熱愛藝術與自由,情感豐富但不輕易投入。她在表演培訓課認識了徐敬恆,一位兼職編劇,談吐風趣、熱情外向,初次見面時就主動邀她喝咖啡,還記得她說過的電影細節。

　　交往初期,敬恆幾乎每天傳訊息,問她今天排練怎樣,問她要不要週末一起去展覽,還會在她下班時送來甜點。他說:「我很久沒對一個人這麼有感覺了。」

　　芷恩以為,這是久違的情感歸屬。直到三個月後,她開始問:「你覺得我們的關係現在是什麼?」他說:「我現在很珍惜妳,但我不喜歡用框架去限制彼此,關係太早定義會毀掉它的純粹。」

　　她愣住了。他還是照樣關心她,邀她出門,但總在她提起未來時轉移話題。當她再度提起:「我可以介紹你給我朋友嗎?」他說:「我們現在這樣不是很好嗎?為什麼一定要標籤?」

　　這段感情持續了十個月,芷恩從快樂期待變成持續焦慮。她說:「他

第一節　為什麼他可以熱情追妳，卻不想負責？ ◇

從來沒說要分開，但也從不給我進一步的機會。我不是在談戀愛，我是在與一個逃兵對話。」

他對妳的熱情，不是愛的承諾，而是自我肯定的表現

逃避型戀人的行為模式看似矛盾：他明明主動，他明明說喜歡，為什麼一談到未來就閃避？原因是他將戀愛當作一種「情緒安撫與自我價值確認」的手段，而不是關係的責任與共同規劃。

熱情追求對他來說，是安全的，因為此時主導權在他手上。當妳開始提出期待、共識、計畫，他的焦慮就被啟動，因為這些元素代表他「必須穩定下來，並承諾自己負起情感責任」。

妳以為他愛妳，他只是還沒感覺到壓力

逃避型戀人在戀愛初期會表現得極為積極，他們甚至可能說出：「從沒遇過像妳這樣的女生」、「我們真的很合」、「我想花時間了解妳」。這些語句其實是他內在的「情緒試探」，試圖建立快速連結，但這樣的語言不代表他已經準備好進入關係的深化階段。

一旦妳回應這些示好，並開始要求一致的互動模式（例如公開關係、參與對方生活、提出雙方未來想法），他便開始產生心理逃逸需求，

◇ 第三章　他說怕被綁住，其實從沒準備留下

行為包括：

- 模糊關係定位：「我們現在很好，不用定義」
- 拒絕參與承諾場景：「我不喜歡公開戀情，那是壓力」
- 情感冷熱不定：「我這陣子想多專注在自己身上」

這些都是逃避型依附者在「被需要」時的自我保護機制。

妳不是被他傷害，而是被他的界線劃得無形又冰冷

逃避型戀人的最大傷害，在於他並不惡意，但他的不穩定與不靠近讓妳逐漸失去自我。妳一開始以為他是需要時間，後來發現妳一直在為這段關係編劇，卻從未得到他正式的參與。

妳越努力靠近，他越用理性話術、自由信仰或個人成長為由拒絕妳的靠近。他不拉開距離，卻也不靠過來，讓妳永遠處在「不分手也不確認」的關係邊界。

他不是不夠愛妳，他只是從沒打算愛得穩定

若一個人總是在妳想靠近時撤退、在妳試圖討論未來時模糊、在妳要確認關係時退卻，那麼，他可能不是不夠好，而是他根本就不適合進入一段需要承諾的關係。

逃避型戀人能說、能愛、能靠近，但這些行為若不能對應行為與責

第一節　為什麼他可以熱情追妳，卻不想負責？ ◇

任，便不過是情緒消費。

妳該問的不是「他還愛不愛我」，而是：「這段關係有走向穩定的可能嗎？」

若答案是否，妳就該收回妳的熱情，不再為一個只願靠近、不願負責的人耗盡自己。

逃避型戀人行為辨識表

行為表現	心理特徵	風險提醒
戀愛初期熱情主動，但一提到關係定位就閃躲	親密恐懼與掌控欲衝突	可能只是尋求情緒連結，不代表願意進入穩定關係
不喜歡公開戀情，拒絕參與彼此的朋友圈	逃避責任與社會定位壓力	若無共同生活參與，將導致關係無實質發展
當你提出未來規劃時，他用「不要急」、「太快會壓力大」作為回應	對承諾產生焦慮，缺乏行為一致性	口頭上的愛不能轉化為未來行動，恐陷入期待落空
時常說想要一個人靜一靜，回訊息慢、迴避親密接觸	高需求自主性，缺乏情緒交流習慣	長期互動中易造成一方情感耗竭、缺乏安全感
不會主動提出分手，但在情感上始終保持距離	習慣性模糊情感界線以維持關係主導權	不明確、不拒絕的策略會延長關係中的焦慮期

◇ 第三章　他說怕被綁住，其實從沒準備留下

第二節
「我還沒準備好」的真實心理含義

情感映像：

她給了他時間，卻發現時間並沒有讓他靠近

　　陳盈潔三十歲，是一間科技公司的產品經理，個性果斷、生活節奏明快。她在一次業界講座中認識了李承諺，一位自由接案的程式設計師。他聰明、沉穩、講話時總帶著一點溫柔與距離，讓她覺得他不是那種油嘴滑舌的男人。

　　交往初期，承諺對她十分主動，會送她下班、分享他寫的程式作品、甚至約她參加他姊姊的生日聚會。盈潔覺得這段感情進展穩健，她甚至開始規劃兩人未來的同居可能性。

　　但在她第一次提到未來時，承諺沉默了。他說：「我真的喜歡妳，可是我現在還沒準備好談那麼長遠的事。我有自己的目標，還想完成一些事情，現在不是好時機。」

　　她問：「那你是想等到什麼時候才會準備好？」

　　他回答：「我也說不出來，也許明年吧，也許再久一點。」

　　盈潔選擇了等待。但接下來的八個月，承諺並沒有任何實質性的進展：沒有搬進她的生活、沒有介紹更多他的朋友、甚至開始減少約會的

第二節　「我還沒準備好」的真實心理含義 ◇

頻率。她才終於明白,「我還沒準備好」其實不是一個時間問題,而是一種心理立場。

「還沒準備好」不等於時間不對,而是意願不夠

當一個人說他還沒準備好談論關係定位、見家人、同居、結婚等問題時,請妳不要問「那要等多久」,而要問:「他真的有把這件事放進人生規劃中嗎?」

時間從來不是他改變的動力,內在的情感成熟與行動意願才是。若一個人真的想與妳共建未來,他會在自己的步調內主動讓妳看到跡象——而不是讓妳一再主動提起、等待、焦慮。

「我還沒準備好」這句話最危險的地方在於,它很容易讓妳轉而檢討自己:

- 是不是我太急了?
- 是不是我對他壓力太大?
- 是不是我要求太明確,他需要時間適應?

但妳忽略的是——對一個真正想走近妳的人來說,準備的速度從來都不是問題。

◇ 第三章　他說怕被綁住，其實從沒準備留下

三種「還沒準備好」背後的心理機制

一，責任逃避型

這類型的人知道進一步代表要做出選擇與承諾。他不是不知道自己對妳的情感有價值，而是不願意讓這份感情轉為責任。他想保留選擇權，避免被一段關係限制。

二，自我中心型

他以「自我目標優先」為主軸，任何進入他生活的關係都要配合他的節奏。他把妳當作生活的調劑，而不是共同經營的夥伴。他的「還沒準備好」其實是在說：「我現在不想改變任何事情來適應妳。」

三，情緒恐懼型

他過去可能有過被拋棄、控制或失去自由的經驗，使得他一旦感受到妳的靠近就啟動心理防禦。他不是真的不愛，而是太怕愛會帶來失控。他想保護自己，而非保護這段關係。

妳願意等多久？還是妳只是害怕現在走會後悔？

許多女性在面對這樣的男人時會陷入一個陷阱：她不想因為「急躁」而錯過「也許很快就會準備好」的那個人。但實際上，那個「準備好」的未來，從來沒出現在他的行為中，只存在妳的想像裡。

時間不是解方，行動才是。妳不是在等一個成熟的愛情，而是在對方的「不確定語言」中反覆安撫自己。

第二節　「我還沒準備好」的真實心理含義 ◇

如何辨識「準備中」與「逃避中」的差別？

準備中：

- 他會主動提及關係的未來，即使不立即落實
- 他會詢問妳的期待與節奏，嘗試理解而非排斥
- 他會主動設定關係的節點，如何時見家人、何時討論未來

逃避中：

- 他會用「我最近太忙了」為理由拒絕每一次妳的進一步討論
- 他會說：「為什麼我們不能像現在這樣就很好」
- 他會否定妳的焦慮，說妳是「想太多」

他沒準備好，妳卻已經走太遠

　　如果他真的想和妳走下去，他會慢慢靠近，而不是讓妳等在原地；他會試著對齊，而不是反覆告訴妳：「不要那麼快。」

　　「我還沒準備好」不代表他錯，而是提醒妳：妳是否已經走得太遠，遠到看不見他其實從未動身。

　　與其問「他什麼時候會準備好」，不如問自己：「我還願意把多少時間放在他身上，換他一次都沒往前一步的等待？」

◇第三章　他說怕被綁住，其實從沒準備留下

「還沒準備好」心理機制辨識表

表現語句或行為	心理傾向	風險提醒
我真的喜歡妳，但現在不是好時機。	責任逃避型	以理性語言包裝不負責任的關係姿態
我最近想把重心放在自己的事業或目標上。	自我中心型	將個人目標凌駕於關係需求之上
我害怕承諾，怕失去自由。	情緒恐懼型	以自由為名，排拒親密與承擔
我們現在這樣不是很好嗎？為什麼一定要標籤？	模糊關係型	拒絕明確定位，讓對方失去安全感
我們順其自然就好，不需要給彼此壓力。	拖延型	延後關係決策，讓妳陷入無限等待

第三節　逃避型依附的男人不是不愛你，是怕被需要

> **情感映像：**
> 她只想有個能依靠的人，他卻視這為壓力

梁亭安三十二歲，是一間劇團的行政統籌，工作節奏緊湊，習慣自己安排所有生活細節。她原本不急著談戀愛，但某年冬天，她在一場藝文聚會中遇見了林知泰，一位自由接案的攝影師。

知泰的眼神沉穩，說話不急不躁，聽得出對世界有一套深刻的看法。他對她說：「我很少遇到這麼懂空間感的人。」這句話讓亭安第一次覺得自己被看見。

交往初期，知泰展現出強烈的關注與好奇心。他會拍她的日常、替她記錄生活中的小細節，也會主動表達：「我不敢說現在，但我有想過妳可能會是我人生裡很重要的一個人。」

然而，當亭安開始在工作壓力大時向他傾訴、或需要他幫忙搬家時，他就會變得冷淡。有時他說「我需要安靜一下」，有時則會消失兩三天，訊息已讀不回。等他出現後，仍像平常一樣溫柔，卻從未對她的「情緒需求」做出實質回應。

她問：「你為什麼總是在我需要你時消失？」

◇ 第三章　他說怕被綁住，其實從沒準備留下

他回：「我真的不是不愛妳，而是我怕我一旦開始回應妳的所有期待，我就會失去自己。」

逃避型戀人的五大親密恐懼反應

一，把妳的需求視為對自己的「侵犯」

當妳說「我希望你多回應我訊息」、「我希望你能陪我處理生活瑣事」，對逃避型戀人而言，這些話聽起來就像是「你得改變你現在的生活以配合我」，而非單純的情緒連結邀請。

二，將關係視為「自由的減損」

他可能會說：「我喜歡妳，但我不想失去我原本的步調。」

這意味著他將關係視為改變自身模式的威脅，而非互動中的轉化機會。

三，刻意維持模糊與距離

他們會回應妳的愛，卻不主動定義關係。他們不拒絕，也不前進。他們說愛妳，卻不想介入妳的生活決策，也不想讓妳介入他的節奏。

四，在妳情緒升溫時冷處理

當妳試圖談論未來、討論失落感或表達不安，他會選擇沉默、迴避話題或直接消失。他無法處理情緒，也不願承擔妳的波動。

五，把「不想讓妳失望」作為回應模糊的遮羞布

他會說：「我怕我答應了，之後又做不到，會讓妳更失望。」

這其實是在保留退場的空間，而非為妳設想。

妳不是他拒絕的對象，而是他恐懼的觸發器

妳越表達期待，他越後退；妳越展現親密，他越關閉感官。這不是因為妳不好，而是因為妳「讓他感覺自己將要被需要」，這正是他最不知如何應對的情境。

逃避型依附者的愛，是一種「有條件、不對等、不深刻但穩定維持表面溫柔」的關係型態。他願意給妳情緒上的支持，但當妳試圖讓他成為生活中可被依賴的角色，他就會感到焦慮與撤退衝動。

愛他的妳，正在被他的不安重複傷害

逃避型男人最擅長的，是在關係中維持「他給妳的永遠不夠多，但又好像不能說他錯」的情境。妳無法責備他的溫柔，也無法靠近他的冷漠。

這樣的關係會讓妳：

- 習慣自我壓抑需求，避免他後退
- 不敢表達不安，怕成為情緒壓力來源

◇ 第三章　他說怕被綁住，其實從沒準備留下

■ 反覆自問：「是不是我太黏？太急？太容易依賴？」

最終，妳變得愈來愈不像原來的自己，只為了換取他留下的理由。

他不是不愛妳，而是他無法愛需要他的妳

逃避型戀人並非完全無愛的能力，他們可以投入，但他們的愛不承接，也不承諾。妳要的不是一份偶爾溫柔、常常沉默的關係，而是一段能一起扛生活、一起說未來的親密。

他可能真的喜歡妳，但他更喜歡的是「妳不讓他不舒服」的那個版本。如果妳得不斷縮小需求才能讓他留下，那這段愛本身就有問題。

愛一個人，不能只是理解他的不安，更要懂得回應自己的需求。

逃避型依附者親密恐懼行為對照表

行為表現	恐懼內容	關係風險提醒
當妳主動提及未來計畫，他轉移話題或沉默	害怕承擔未來責任	長期模糊將讓妳無法建立安全感
情緒低落時不願求助，也不接受關心	害怕被認定為需要他人	情感冷漠易讓妳產生自我懷疑
與妳保持親密互動但拒絕公開關係	害怕失去自由與自主性	妳的愛將淪為祕密而非被珍惜
妳需要支持時，他會暫時消失或保持距離	害怕無法滿足妳的情緒期待	妳會成為情緒孤島，難以建立互助關係
表達愛意後又強調不想被依賴、要求承諾	害怕關係讓他失去控制權	關係將缺乏發展動能，只能停留在曖昧與不安

第四節
他的自由，是以妳的焦慮為代價

> 情感映像：她說她尊重他的空間，
> 卻越來越不確定自己在不在他心裡

簡子瑜二十九歲，是一位設計系講師，個性理性溫和。她的男友何志維是一位自由接案的平面設計師，從認識第一天起就強調自己重視獨立與自由。

志維在交往初期表現積極，約會時總是細心安排，話語中不乏「妳是我想認真對待的人」這類承諾性語言。但幾個月後，子瑜開始感受到變化。

他開始以工作為由婉拒週末見面，訊息回應變慢，有時消失兩三天才說：「最近有點心浮氣躁，在整理腦袋。」她問他是否有困擾，他說：「我只是需要一點空間，妳不要一直想太多。」

她試著尊重他的節奏，調整自己，不再頻繁發訊息、不再主動約時間。她對朋友說：「也許他真的需要自由，我只要不給他壓力，他就會留下。」

但幾個月後，她發現自己的情緒愈來愈不穩。只要他說不想見面，她就開始懷疑是不是自己做錯什麼。她查他的社群、反覆看訊息紀錄，甚至夢到他離開她。

◇ 第三章　他說怕被綁住,其實從沒準備留下

她後來說:「他的自由讓我每一天都在懷疑自己是不是太過分。原來,我的體貼只是讓他更放心地缺席。」

逃避型男人的自由,為何會造成妳的情緒失衡?

因為在關係中,連結是一種節奏。如果他想要自由時消失、想要親密時出現,那麼妳就只能被迫適應他的步調。

這樣的自由不是兩人的協議,而是他單方面主導的節奏安排。妳愈想靠近,他愈主張「妳給我壓力」;妳一退開,他又說「我想妳了」。

妳因此:

- 不知道該如何做才「剛剛好」
- 害怕表達需求會被認為太黏
- 變得高度敏感、失去自我節奏
- 無法確認這段關係的方向與穩定性

三種「自由為名,逃避為實」的典型行為模式

一,「不想被控制」式冷處理

當妳想討論情緒或未來,他會回應:「我不是那種會被人管的人。」

實際上,妳並不是要控制他,而是希望有基本互動與計畫。他卻將所有妳的期待定義為「壓力來源」。

第四節　他的自由，是以妳的焦慮為代價 ◇

二，「我就是這樣的人」式封閉防禦

他常說：「我本來就很需要獨處，我不是沒回，是不想講話。」

這種話等於把所有行為合理化，不提供彈性、不容討論。關係因此變成妳在配合他的生活方式，而他無需為妳調整任何東西。

三，「妳太焦慮了」式責任轉移

當妳表達不安，他回：「我覺得妳是不是想太多？我沒有做錯什麼吧？」

這讓妳開始懷疑自己情緒是否合理，而忽略自己其實是在面對一段長期缺席的互動模式。

妳不是不夠信任他，而是他讓妳無從信任

信任並非來自強迫自己「相信他不會變」，而是基於他願意穩定回應妳的需求。當對方始終用「自由」當作規避承諾的盾牌，那妳再怎麼信任也無法建立安全感。

一段健康的關係中的自由，應該是：

- 彼此同意並理解的空間安排
- 雙方都有表達需求與調整彈性的權利
- 在退開時仍有基本的回應與聯絡保障

自由若只對他有利，那這段關係就是單向結構，註定讓妳失衡。

◇ 第三章　他說怕被綁住，其實從沒準備留下

不是妳不夠包容，而是他沒打算靠近

若他的自由，是以讓妳不安為代價，那麼這樣的自由，不值得妳承受。關係不是讓妳證明自己能忍耐，而是讓彼此安心地生活與共存。

妳可以尊重他的空間，但妳也該爭取自己的節奏。不要讓他的不確定，成為妳的日常焦慮來源。

妳要的不是一個「可以自由離席」的人，而是一個知道什麼時候該留下來陪妳吃完這一餐的人。

假自由真逃避行為辨識表

行為表現	偽裝語言	風險提醒
以「需要空間」為由，拒絕討論未來或關係定位	我不喜歡被貼標籤	以自由為名，實則規避親密與責任
消失幾天不聯絡，事後只說「我不想被管」	我就是喜歡自由	行為缺乏一致性，造成妳持續不安
在對方表達需求時指責「妳太焦慮」、「想太多」	妳應該信任我	將情緒問題歸咎於妳，造成自我懷疑
要求尊重他的節奏，卻從未考慮妳的生活步調	妳太黏了，這樣不好	關係互動偏單向，妳需不斷壓縮自我
堅持不公開關係或不與親友見面，理由是保留私生活	關係不是拿來展示的	缺乏整合與互融，關係無法進一步發展

第五節　愛情中的承諾恐懼症

> **情感映像：**
>
> 他總說「我愛妳」，卻從不說「我會娶妳」

　　姚韋君三十四歲，是一位長年投入非營利組織的計畫總監，個性堅定、重視承諾。她與男友黃允誠交往三年，對方是知名獨立音樂創作者，個性溫和、重情義，對她一向體貼照顧。

　　交往初期，允誠常說：「我很珍惜這段關係，從沒這樣認真過。」他願意陪她參加家庭聚會、與朋友互動自然、甚至也與她合租房子共住。韋君以為這段關係即將邁入穩定。

　　某次她提及想開始籌備婚禮時，允誠沉默了。他說：「我不排斥結婚，只是覺得我們現在這樣很好，為什麼要改變？」

　　她追問：「所以你有想過和我結婚嗎？」

　　他回答：「我不敢保證。婚姻太沉重，我現在真的還沒準備好。」

　　接下來的幾個月，他仍維持關心、互動自然，卻只要一提到結婚就避而不談。有時她流露失望，他便說：「我沒有說我不愛妳，我只是怕失去我們現在這種自在感覺。」

　　韋君後來說：「他不拒絕你，但也永遠不給你答案。這不是不愛，這是愛裡的恐懼。」

◇ 第三章　他說怕被綁住，其實從沒準備留下

為何他可以與妳交往多年，卻始終拒絕承諾？

承諾恐懼者的關係特徵常有以下幾項：

一、關係穩定但無明確發展節奏

他可以與妳交往五年，但從不提及婚姻或未來生活整合規劃。

二、情感表達頻繁卻不具行動性

他會說「我很愛妳」，卻從未主動提起買房、見家人、或共同資產管理。

三、將進一步發展視為風險，而非價值

對他來說，結婚等同「被制度綁住」，而非建立未來安全感。

當妳表達不滿時，他反而說：「妳這樣是逼我。」

他將妳的合理期待轉化為壓力來源，讓妳產生「是不是我太急」的自責。

這些模式背後，潛藏著一種心理信念：一旦承諾，就代表我將不再自由。

承諾恐懼者的心理結構：三種常見來源

一，原生家庭的不穩定關係模式

許多承諾恐懼者來自充滿衝突、離異或失衡的家庭。他們見識過親密關係的破裂，於是將「進一步親密」與「可能的傷害」畫上等號。

二、過往親密關係中的創傷經驗

若曾有過被背叛、被依賴過度、或過度委屈自己的經驗,他們會在潛意識中建立「關係越深入,越容易被吞噬」的恐懼。

三、自我定義高度依賴獨立與自主

這類人對「我是誰」的理解,強烈依賴於「我能為自己做決定、不被期待綁架、不為他人犧牲」。一旦進入承諾性關係,他們便感到自我界線被入侵。

妳不是太黏,而是他始終不敢靠近

承諾恐懼的男人最常對妳說的話是:「我真的很愛妳,但我怕這樣下去我們會變得不快樂。」

這句話其實是在表達:「我喜歡妳,但我更想保留逃跑的權利。」

當妳主動要求確認,他說妳施壓;當妳選擇忍讓,他又說妳懂他。他讓妳始終無法分辨:我是不是太逼迫,還是他根本沒打算前進?

當愛變成焦慮的代價,妳應該要轉身

妳要的不是每天問他「你到底想不想結婚」,而是他能讓妳在這段關係裡安心地相信未來。若妳需要反覆確認,這段愛就已經不是妳該待的地方。

◇第三章　他說怕被綁住，其實從沒準備留下

　　承諾恐懼不是不能克服，但前提是──他要願意為這份關係努力，而不是讓妳成為他的心理安全出口。

　　妳可以體諒他的不安，但不該為了他的恐懼延遲妳想前進的人生。他怕承諾，那是他的議題，不是妳該用愛去療癒的責任。

　　關係的穩定不是靠妳降低期待，而是靠他清楚選擇與妳共建未來。愛的成熟，不在於說幾次「我愛妳」，而在於說出：「我會留下來，並且讓我們走下去。」

承諾恐懼常見語句與心理解讀表

常見語句	心理傾向	風險提醒
我真的很愛妳，但現在不是結婚的時候。	迴避責任、延後決策	妳可能長期等待而關係無實質進展
我們現在這樣不是很好嗎？為什麼要改變？	抗拒關係進展，維持現狀	他用穩定包裝停滯，妳難以推動未來
我覺得婚姻制度很虛偽，不需要透過形式證明感情。	將制度合理化以保留退場空間	他以價值觀包裝恐懼，妳無從反駁
我怕我們變了，結婚之後感覺就會不一樣。	將變化視為風險而非成長	他將改變視為威脅，缺乏共建未來的能力
我真的沒有辦法給妳保證，我怕我做不到。	恐懼承諾所帶來的期待與壓力	妳得不到保證，也無法確認這段關係的目標

第六節　妳想穩定，他想自由，這段關係有共識嗎？

情感映像：她以為再多體諒會換來他願意留下，最後只換來更多空白

黃筱芸三十歲，是一位室內設計師，工作節奏緊湊，生活規律、對未來有清楚規劃。她與男友周凱翔交往一年多，對方是自由工作者，接案、創業、偶爾也在外地短期駐點。

他總說：「我喜歡妳的獨立與溫柔」，也在相處中展現出體貼與信任，但每當她談到未來，例如搬進一起住、共同買房、或是是否會走向結婚，凱翔總說：「我不喜歡被未來綁住，我活在當下比較自在。」

她一開始覺得沒關係，只要對方持續在，慢慢來也沒問題。但隨著年紀與生活規劃的推進，她開始想要更多安全感與實質進展。而凱翔仍堅持：「我們現在這樣不是很好嗎？妳不要老想要改變什麼。」

他不分手，也不前進。她說：「我不想逼他，可是我自己也不能再一直等下去。」

她後來理解，愛情若沒有共識，不是誰錯了，而是走的方向不同了。

◇ 第三章　他說怕被綁住，其實從沒準備留下

當妳與他的需求不同，愛情會變成持續的拉扯

凱翔不是壞人，他說他愛筱芸，也真心對她好。但他的生活哲學就是「流動、探索、不被設定」。他享受愛情的存在，卻不想愛情成為他生活的結構之一。

這讓筱芸感受到：

- 每一次提及未來，對方都像在退步
- 她的焦慮被解釋為控制，而非自然的關係需要
- 她的每一次妥協都像是在為兩人共同目標讓位

這樣的關係模式會讓一方不斷等待，一方不斷逃避。不是因為不愛，而是因為對愛的想像從未對齊過。

三種「沒有共識的愛情模式」

一，時間觀差異型：她看三年，他看三週

妳可能會計劃三年內是否結婚、買房、是否生小孩；他則只關注這個月的工作安排與假日行程。這種對生活節奏的落差，會讓妳產生持續性的「時間焦慮」。

二，情感定義差異型：她覺得穩定是安全，他覺得穩定是無聊

他將關係中的「例行互動」視為束縛；而妳視為信任的表現。他不喜歡每天報備、每週見面、固定作息；但妳需要日常感與進展感。

第六節　妳想穩定，他想自由，這段關係有共識嗎？◇

這種感情結構是：「妳越想靠近，他越需要空間；妳越想承諾，他越懷疑自由。」

三，價值觀差異型：她的人生需要長期計畫，他的目標是走一步算一步

他的人生充滿彈性，事業可以變動，住處可以改變，旅居、遠距都可接受；而妳需要社區感、連結感、可預期的未來。這種差異會讓妳在關係裡不斷自我懷疑：「是不是我太拘泥於未來？」

但其實不是妳太現實，而是妳不該和一個無需規劃未來的人建立以未來為前提的關係。

如何判斷你們是否「價值觀不合」而非「個性互補」？

很多女性會誤以為兩人步調不一，只是「互補型戀愛」；實際上是否存在根本差異，可從以下三個問題判斷：

- 他是否願意參與妳對未來的對話？還是總是轉移話題？
- 他是否能與妳一起制定生活目標？還是總是說「看緣分就好」？
- 妳是否能在關係中安心表達期待？還是總覺得妳提得太多會讓他壓力大？

若三項以上都為「否」，那妳們並非步調不一，而是方向不同。

◇第三章　他說怕被綁住，其實從沒準備留下

愛本身不解決共識問題，共識才能讓愛走遠

一段關係若不能面對雙方對「自由與穩定」的需求差異，那麼即使再深的愛意，也會淪為一方持續讓步、一方持續保留退場權的消耗遊戲。

妳值得的，不是讓妳學會怎麼縮小自己來配合他的自由，而是有人願意放下些許自由，與妳共建可預期的日子。

愛不是讓妳放棄方向的理由，而是讓妳找到同行者的開始。

關係共識失衡檢測表

自我提問項目	風險指標	風險提醒
當我提到未來規劃時，他是否總以「我們現在很好」帶過？	拒絕未來對話	他對關係發展無主動參與意願
我們是否對時間的想像差異過大？（如我在想三年，他只在想三天）	時間觀嚴重不對等	妳的期待難以落實，易產生挫敗與焦慮
他是否不願意與我共同參與生活決策（搬家、財務、家庭）？	規劃與責任逃避	妳無法與他共構生活，將長期孤軍奮戰
我是否經常壓抑自己的需求，避免讓他覺得被約束？	需求自我壓縮	關係中的不對等將讓妳逐漸失去自我
我是否經常覺得自己在「等他成熟」或「等他準備好」？	等待落入無期限循環	等待不代表他會改變，反可能拖延妳前進的人生

第七節　停止等他長大：
逃避型戀人不是妳的人生成長課題

情感映像：她陪他走過低谷，卻無法走進他的未來

劉妤庭三十五歲，是一位諮商心理師，溫和理性，擅長傾聽與理解。在朋友的介紹下，她認識了張翰翔，一位音樂創作者，年紀比她小三歲，正處於事業轉型期。

翰翔初期顯得有些自我懷疑，常說：「我不知道自己是不是一個值得被愛的人。」妤庭被他的脆弱與真誠吸引，也因專業習慣，她很自然地成為了他的情緒支撐者。

他會在她的陪伴下學會傾聽、改善溝通習慣，甚至開始規律生活。她以為，這樣的陪伴會讓他愈來愈成熟，直到有一天，她問他：「我們是否可以認真談論未來的安排？」

他沉默了一會說：「我很珍惜我們，但我覺得妳比我更有方向。妳值得更好的，也許我還沒準備好。」

妤庭震驚且心碎。她說：「我以為我們一直在一起往前，但其實只是我在拉著他跑。」

◇ 第三章　他說怕被綁住，其實從沒準備留下

為什麼妳會不斷原諒、等待、照顧？

因為妳相信愛可以改變一個人。妳不只在戀愛，更在實現一種價值感：妳是能夠療癒與陪伴的人。

這樣的愛，往往帶有三種心理動因：

- 補償性付出：透過付出證明自己是值得被愛的
- 拯救式依附：對方的脆弱讓妳感受到「他需要我」的心理滿足
- 投射式希望：妳愛的不是現在的他，而是「長大後的他」

這樣的關係看似深刻，實則是一人前進，一人原地。

他不是妳的責任，而是他的選擇

翰翔不是壞人，但他選擇留在原地。他知道妤庭會陪著他、聽他說、安慰他、幫他分析。他不需要成長，因為她已經替他承擔了成長該負的代價。

這樣的男人有三種常見特質：

- 情緒不穩但表達能力好：他可以描述他多痛、多累、多不安，卻從不提出具體改變策略
- 關係裡缺乏主動規劃：他不會提出兩人未來的藍圖，總說「順其自然」

第七節　停止等他長大：逃避型戀人不是妳的人生成長課題 ◇

■ 道歉頻繁但重複犯錯：他會認錯，會流淚，卻從未真正修正

妳一次次原諒的背後，其實是妳自己在為「想看見他成長」而努力。

妳的人生成長課題，不該建立在別人不成熟的基礎上

妳可以選擇理解、支持，但當一段關係長期只有妳在「扮演心理導師」，那麼這段關係就已經失去平等。

成長是他自己的課題，不是妳的任務。

妳不需要證明妳夠溫柔、夠堅強、夠有耐性，才能被好好愛。真正成熟的伴侶關係，是雙方都能為彼此成為「一起扛起未來」的人，而不是一人療癒、一人逃避。

妳不該只有傾聽別人的苦，而沒有人聽妳的苦；妳不該一直解讀他的沉默，而沒人解釋妳的脆弱。妳也值得有一個人說：「我也想保護妳。」

當妳的愛總是被對方的混亂、猶豫與不成熟消耗，那妳需要的不是更多理解，而是一個終點。

愛不該讓妳一個人努力到最後還要懂得退出

有些人不會長大，因為他們知道妳會留下；有些人不願承擔，因為他知道妳會原諒。

◇ 第三章　他說怕被綁住，其實從沒準備留下

妳不是來教育他的。妳來，是想和一個人並肩生活，不是拉著他從男孩變男人。

停止等他長大，因為他的成長不該建築在妳的淚水與延遲人生上。

妳值得一個已經準備好與妳同行的人，而不是一個讓妳不斷等候卻永遠不抵達的人。

拯救型戀愛自我檢測表

自我提問項目	心理傾向	風險提醒
我是否總是覺得他有潛力，只要再多陪伴就會改變？	投射式希望	妳愛的是未來可能的他，而非現在的他
我是否常替他找藉口（例如：他只是還沒準備好）？	合理化逃避	他可能並未準備改變，只是妳在說服自己留下
我是否比他更主動規劃未來、解決問題、修補關係？	過度承擔	妳正替一段不對等關係付出過多代價
我是否因為他的脆弱而覺得我有責任留下來陪他？	同情式依附	妳的同情正在延長妳的情緒消耗期
我是否在關係中扮演傾聽者與引導者，卻很少被他主動關心？	情感角色失衡	長期缺乏照顧與對等回應，將影響妳的自尊與信任

第四章
他還沒清理完過去，
妳卻急著住進他的未來

◇ 第四章　他還沒清理完過去，妳卻急著住進他的未來

第一節　再婚男人值得信任嗎？先看這三個心理指標

情感映像：

他說他已經放下，但她總覺得他還沒回來

溫莉婷三十七歲，是一位外商企業的財務顧問，工作穩定、生活自律，感情經歷成熟。她在商務聚會中認識了林政達，一位四十二歲的投資型創業者。談吐自信、氣質沉穩，政達初次見面就坦率表示：「我離過婚，孩子跟前妻一起生活，但我們關係清楚、沒有糾纏。」

這樣的坦白讓莉婷感到安心。交往初期，他表現積極、言談體貼，對她的事業與生活表現出高度支持。他說：「我這次是帶著經驗來談感情，不想再錯過。」

但幾個月後，莉婷開始注意到一些微妙的矛盾。政達提起前妻時語氣仍帶有情緒，每當談到孩子，他總說：「我很愧疚不能陪他長大」，甚至不時中斷約會回應對方的電話。她問他是否真的處理好過去，政達說：「都離婚了，我還能怎樣？」

莉婷說：「他什麼都講得很合理，但我始終感覺，他人雖然在我身邊，心卻還沒有走出另一個世界。」

三個能辨識「他是否值得信任再開始」的心理指標

一,情緒分離完成度:談起前段關係時是否穩定、清晰、無強烈情緒

觀察他是否談起前妻時仍出現情緒激動、憤怒、懷舊、抱怨等反應。這些都表示情緒尚未抽離,可能會在新關係中重複轉移舊問題。

- 他能平穩描述過去,並承擔責任→穩定
- 他反覆批評、怨懟、帶入舊有衝突→高風險

二,關係結構整理度:與前妻、子女的界線是否清楚

他是否仍與前妻保留模糊互動(例如:共同投資、密切聯絡、情緒互訴)?他是否能處理孩子的教養責任而不依賴妳介入?

- 他能清楚劃分角色,尊重妳的位置→穩定
- 他讓妳在不知不覺中成為「情緒支援者」或「孩子替代者」→高風險

三,自我整合能力:是否能談論未來而不是停留在懷舊或懊悔中

離婚是過去,未來才是你們要走的路。他是否能談自己從婚姻中學到什麼?是否有能力不讓妳承擔他過去的遺憾?

- 他能提出明確未來想像與共同步調→穩定
- 他總說:「我曾經受傷,不想再被傷害」→高風險

◇ 第四章　他還沒清理完過去，妳卻急著住進他的未來

「再來一次」不是浪漫，是一場心理工程

若妳遇到一位離過婚的男人，請不要只看他說了什麼（例如：「我已經走過來了」、「我這次一定會珍惜」），請看他：

- 是否仍需前妻提供情緒安撫？
- 是否將婚姻失敗歸咎於對方？
- 是否讓妳不自覺扮演過去關係的補位角色？
- 是否有時間、空間、情感的再規劃能力？

否則妳不是進入一段新關係，而是成為舊關係的延伸角色。

他有過婚姻沒關係，但不能讓妳為他的歷史負責

妳不是來療癒他的過去，而是一起建構妳們的未來。如果他還停在過去，無法前進，那麼妳不該成為他邁向未來的代價。

值得妳相信的，不是「會說他學會了」的男人，而是「行為上真的改變並做好準備」的男人。

再婚男人信任指標評估表

評估項目	信任指標	風險提醒
談到前段婚姻時是否情緒平穩、不帶怨懟或過度懷舊？	情緒分離完成度	若仍有情緒波動，表示內心仍糾結於過去
是否能清楚界定與前妻之間的互動與責任？	關係界線穩定度	若角色模糊，易讓妳落入第三者的情緒補位

第一節 再婚男人值得信任嗎？先看這三個心理指標

評估項目	信任指標	風險提醒
是否能獨立處理與孩子相關的責任，而非轉由妳協助？	教養責任整合能力	若需妳參與教養，妳將成為前段關係的承接者
是否對婚姻失敗有反思，並表達學習與成長？	自我覺察與責任承擔	若只怪對方或避談，表示未完成情緒修復
是否能提出未來規劃，並讓妳參與其中？	未來導向與伴侶整合力	若無具體未來共構規劃，妳無法真正成為他的人生角色

◇ 第四章　他還沒清理完過去，妳卻急著住進他的未來

第二節　離婚創傷是否療癒？
從言語、行為觀察他

> 情感映像：
> 他說已經放下，但她感受到的是還沒結束的戰場

　　王姿甄三十三歲，是一名保險業務經理，外型亮眼、邏輯清晰，對感情看似成熟，實則內心渴望穩定。她與邵偉倫交往八個月，對方四十歲，離過一次婚，育有一名就讀國小的女兒，監護權歸前妻所有。

　　偉倫初識時展現出成熟穩重，說話有分寸，談及前段婚姻時表示：「那是一段沒有結果的關係，我已經走出來了。」姿甄相信這樣的男人經歷過婚姻風暴，更懂珍惜下一段感情。

　　然而，她逐漸發現，偉倫經常在聊天中提到前妻的不是。例如她如何冷漠、如何挑起爭執，還會用「當年我真是瞎了眼」來形容過去的婚姻。他說自己對小孩無比愧疚，也因此會在女兒生日、考試或任何事件時主動聯絡前妻，甚至推掉與姿甄的約會安排。

　　當姿甄試圖表達不安，偉倫回應：「那是我過去的人生，妳不該對此產生情緒反應。」她說：「他把我放在現在，但他的心還住在一個未清理完的戰場裡。」

離婚創傷未療癒的五個行為指標

一，持續情緒投射

他會頻繁地提到前妻的問題、缺點或錯誤。這表示他仍在尋找心理上的出口，並未將事件本身內化為已處理的過去經驗。

二，情緒失調但自認冷靜

他可能聲稱自己已經「無感」，但一提到前妻或離婚時就語速加快、語氣變重。這顯示情緒仍被觸發，而非已放下。

三，過度補償對孩子的愧疚

他將自己對前段婚姻中缺席的父職焦慮，轉為在現任關係中缺席。妳可能變成他處理愧疚的過渡對象，犧牲妳與他之間的情感品質。

四，模糊界線的日常干擾

他對前妻仍提供金援、情緒支持、生活協助，卻未建立明確的邊界。這會讓妳在關係中無法安心地扮演新的角色。

五，將自己定位為受害者

他若總是強調「我當年多委屈」、「我被陷害」、「我很難再相信人」，這表示他仍未完成責任的自我整合，也未從婚姻關係中學會平衡。

◇ 第四章　他還沒清理完過去，妳卻急著住進他的未來

> **被動未癒合創傷的風險，不是傷害妳，**
> **而是讓妳成為替代品**

　　若妳走進的是一段他尚未從前段關係中抽離的情感遺跡，那麼妳就無法與一個完整的他建立連結。妳只是填補他內在空缺的補位者，而非一段新關係的共同建構者。

　　他不是不愛妳，而是他心裡還住著他沒處理完的舊劇本。妳的關懷會被拿去替代原本應該由他自我修復完成的心理責任。

> **妳要問的不是「他有沒有離過婚」，**
> **而是「他的情緒有沒有結束？」**

　　離婚不是禁忌，但妳要辨識的是：

- 他是否能就過去負責，而非推卸？
- 他是否能就現在連結，而非補償？
- 他是否能談未來，而非總是懷舊？

　　若這三項皆否，那麼妳要警覺：妳正走進一段可能無止盡的過去，而非一段清楚明確的現在與未來。

他離過婚不可怕，他若還沒清理情緒，才會讓妳陪葬

妳不是來療癒他過去的遺憾，也不是為了讓他補償自己沒當好的丈夫或父親。妳應該被珍惜，而不是被當作他舊傷的繃帶。

當一個男人說「我走出來了」，請妳多問一句：「那妳的行為呢？」因為走出來的不是嘴巴，是心理與生活的整合。

離婚創傷是否療癒觀察表

觀察項目	療癒狀態指標	風險提醒
提到前妻時語氣是否平穩，且不帶強烈批判或情緒激動？	情緒穩定與認知清晰	若仍激動或貶低，表示情緒未整合
是否能清楚劃分與前妻之間的情感與責任邊界？	界線明確且能尊重現任	若互動模糊，妳將落入關係三角
是否對婚姻失敗有反思，而非僅將錯推給對方？	具備責任感與自我反省能力	未反省意味情緒未成熟，易重複舊模式
是否將對孩子的責任處理在與妳的關係之外？	角色分工明確、不轉嫁情緒	妳將成為他補償機制的一環
是否會因懷舊、愧疚等情緒而犧牲與妳的關係品質？	已完成情緒整合、不讓妳成為替代者	關係將充滿未解情緒與無意識轉移

◇ 第四章　他還沒清理完過去，妳卻急著住進他的未來

第三節　他帶來的是經驗還是包袱？
關鍵在「情感清倉能力」

情感映像：

她以為遇見的是成熟，後來才發現只是沉重

　　莊珮甄三十八歲，是一位企劃總監，談過幾段穩定戀愛，但從未結婚。她一直認為，遇到有過婚姻經驗的男人，也許更懂珍惜與承擔。某次出差，她認識了林定中，一位四十五歲、離婚五年的媒體主管。

　　定中言談內斂，談吐間不時提到他對婚姻制度的反思與人際界線的重視。他說：「我不是怕愛，只是不想再背著情緒債。」珮甄被這份誠實打動，認為這是個真正走過婚姻，懂得什麼該放下、什麼該珍惜的男人。

　　交往初期一切順利，直到某天她提議去他住處作飯，定中卻猶豫良久。他說：「我家還保留著一些以前婚姻的東西，我還沒清掉。」

　　後來，她發現他錢包裡仍夾著他女兒幼稚園時畫的「爸爸媽媽」全家福；他的社群裡有數張未刪的與前妻的旅行回憶；他的書桌抽屜裡，仍留著婚禮請帖。

　　珮甄問：「你真的走出來了嗎？」他說：「這些只是記憶，難道我不可以有過去嗎？」

第三節　他帶來的是經驗還是包袱？關鍵在「情感清倉能力」

她沉默了。不是因為他還有記憶，而是他從未將那些記憶做出選擇。她後來說：「我不是介意他有歷史，而是我成了他沒清倉的歷史之一部分。」

經驗與包袱，差在哪裡？

有經驗的男人

- 他知道衝突中該如何溝通
- 他承擔責任，不推卸失敗
- 他清楚自己需要什麼，不將伴侶當作缺口填補
- 他尊重過去，也尊重妳的現在
- 他可以談過去，但不會讓過去干擾當下

有包袱的男人

- 他會不自覺比較妳與前段婚姻
- 他會情緒低落時說：「以前怎樣怎樣」
- 他還保留過去關係的物理與心理空間
- 他把孩子、前妻、失敗、愧疚一起帶來妳面前，請妳理解
- 他說：「我怕再失敗」，然後用這句話逃避責任

妳要問的不是「他有沒有過去」，而是「他有沒有選擇保留哪些過去」。

117

◇ 第四章　他還沒清理完過去，妳卻急著住進他的未來

情感清倉能力的三個關鍵面向

一，記憶處理力：是否能將過去轉化為經驗，而非成為今天的藉口？

他談前妻時是否客觀、有學習、無怨懟？還是習慣提起「她當年怎樣傷我」？

- 正確的態度是代表情緒已整合
- 錯誤的想法代表過去仍是情緒導火線

二，情境重建力：是否能為妳重新設立清晰關係空間？

他是否願意與妳共同規劃新家、新生活方式，還是總說「以前是怎樣就怎樣」？

- 正確是願意創造新的慣性與環境
- 不正確的是無法讓妳真正走進他的生活核心

三，心理騰空力：是否能給予妳一段沒有「比較與代價」的愛？

他愛妳，是因為妳是妳，還是因為妳不像前任？他把妳當作起點，還是過去的修補品？

- 是不是他能給予純粹而獨立的情感回應
- 妳若成了他過往遺憾的安撫者就很遺憾了

第三節　他帶來的是經驗還是包袱？關鍵在「情感清倉能力」

沒有清倉的感情，不是經驗，而是壓力

　　經歷婚姻不是問題，問題是那些經歷是否仍在占據他心理空間。妳要的是能陪妳向前的人，而不是站在原地告訴妳他有多難的人。

　　如果他無法做出選擇，妳就要幫自己做出選擇。情感清倉不是為了忘記，而是為了給新的關係一個乾淨的出發點。

情感清倉能力評估表

觀察項目	評估方向	風險提醒
談到前妻或前段婚姻時，語氣是否平穩、具反思性而非批判性？	情緒整合與記憶重組能力	若情緒仍強烈起伏，表示創傷未解，恐影響關係品質
是否主動整理過與過去關係相關的物品、紀錄與社交痕跡？	物理與心理的過去清理意願	若遲遲未清理，妳恐淪為過去角色的心理延伸
是否願意與妳一起建立全新的居住空間與生活模式？	生活空間與關係架構再建設能力	若僅延續舊模式，妳將無法在關係中獲得主體空間
是否在與妳的互動中避免將過去關係邏輯帶入（如比較、預設）？	互動模式的去歷史化處理能力	若出現頻繁比較，將造成妳自我懷疑與不平等互動
是否能就未來共同生活提出清楚安排，而非迴避或以過去創傷為由推延？	未來導向與責任規劃能力	若無明確規劃，妳可能陷入他遲滯的心理時間場中

◇ 第四章　他還沒清理完過去，妳卻急著住進他的未來

第四節
前妻與孩子在他生命中的實際排序

> 情感映像：她原以為是他的現在，
> 後來才發現自己只是被暫時安置在未解的過去之外

　　韓芝瑜三十六歲，是一位婚禮主持人，個性直率，對感情坦誠期待。她與男友張博翔交往一年半，博翔四十三歲，離婚六年，與前妻育有一對雙胞胎女兒，目前就讀國中，主要由前妻照顧。

　　交往初期，博翔明確表示：「我已經從上一段婚姻中走出來，對小孩有責任，但我現在想經營新的關係。」這番話讓芝瑜感到安心。她尊重他每月與孩子的約會安排，也不介意他偶爾與前妻簡訊聯絡處理教養事宜。

　　但慢慢地，她開始感到邊界模糊。每逢重要節日，他總說要陪孩子，不在她身邊。當她問及兩人是否可以與孩子見面時，他說：「孩子還沒準備好。」

　　當她問起是否能見見他的家人時，他回答：「我不想讓我媽覺得我對孩子不負責。」

　　她開始懷疑，自己是不是永遠只能在他的生活裡「等有空」。她說：「我不是介意他當爸爸，我介意的是，我在他的生活排序裡，永遠是備選方案。」

第四節　前妻與孩子在他生命中的實際排序

他說他有責任，但妳的情感需求卻從未被優先過

芝瑜的故事並不罕見。許多女性在與有孩子的離婚男性交往時，都會發現以下幾種現象：

- 他說「孩子是最重要的」，但從不給妳空間參與或了解
- 他說「我和前妻沒有感情了」，但卻持續讓前妻影響你們的關係節奏
- 他說「妳要體諒我當爸爸的責任」，卻忽略了妳作為伴侶的情緒權益

這些語言背後所代表的，不只是家庭角色的分配問題，更是價值排序的揭示

真實排序觀察法：妳在他的生活中處在哪裡？

想確認自己在對方生命中所處的排序位置，可以觀察以下五個面向：

一，時間分配的彈性程度

當他需要安排與孩子或前妻的互動時，妳的需求是否總是被推延？若每次妳想一起旅行、共度節日都得「等孩子先安排完」，這表示妳的角色仍未被納入他的核心生活系統。

二，語言中的位置感

他談到孩子時使用「我們家庭」還是「我孩子那邊」？他談到妳時是否能說出「我想帶妳進入我生活」而非只是「妳先等等，我現在這邊比較複雜」？

◇ 第四章　他還沒清理完過去，妳卻急著住進他的未來

三，生活交集的設計意圖

他是否讓妳了解他與孩子的相處狀態？是否願意規劃你們未來的生活模式如何整合，而不是「妳不要管，這是我和孩子的世界」？

四，前妻的影響力強度

他是否仍讓前妻主導孩子與他之間的互動安排？是否仍過度回應對方的情緒請求，例如：幫忙搬家、參與前妻家庭聚會等？

五，妳對關係未來的發言權

當妳提出希望進一步關係發展，例如共同生活、家庭整合、與孩子建立連結，他是否總是用「孩子還小」、「我怕他們誤會」作為延後的理由？

若上述大多數問題的答案是否定，則妳在他的情感排序中仍處於「外圈可調整角色」，而非核心生活結構之一。

關鍵不在他有沒有孩子，而在他能不能整合你們的關係

孩子不是問題，前妻也不是威脅，關鍵在於他是否有意識與能力將妳納入他的人生架構中。如果他總是以「責任」之名要求妳體諒，但從不給妳位置，那麼他真正維護的不是平衡，而是保留控制權。

妳的角色不該永遠是「等他處理完過去再回來愛妳的人」。一段成熟的關係，必須同時給孩子愛、也給伴侶明確的位置與關係安全感。

第四節　前妻與孩子在他生命中的實際排序

> 他若一直讓妳站在他生命的門口，
> 就別再等他開門

當妳發現自己在他的日常、節奏、計畫中總是「遞補」、「暫時」或「順延」，請問問自己：妳在等一個父親整理好他的責任，還是妳在等一個男人決定妳值不值得被正視？

如果他的生活裡早已擁擠到容不下妳，那麼妳要做的不是等他讓位，而是為自己找一段讓妳可以安心占有空間的愛。

關係排序觀察評估表

觀察項目	排序評估方向	風險提醒
他是否在安排假期與重大節日時，會優先考量妳的時間與感受？	時間安排中的主動性與妳的優先權	若妳總是被延後，表示關係不具備核心地位
他是否曾主動讓妳了解或參與他與孩子的生活互動？	家庭互動透明度與整合意圖	若家庭互動排除妳，代表妳未被真正納入他的生活架構
當前妻有突發需求時，他是否願意與妳討論而非逕自安排？	對妳情緒與角色的尊重與協商意願	若決策過程未顧及妳，妳將長期被當作可調整角色
他是否讓妳認識他的家人、朋友圈，並以伴侶身分介紹？	生活層面的公開程度與正名程度	若無公開與正名，妳難以建立長期安全感
他是否願意與妳討論未來整合兩人與孩子生活的方式與節奏？	關係未來的規劃參與度	若無參與規劃，妳將無法進入真正的家庭整合關係

◇ 第四章　他還沒清理完過去，妳卻急著住進他的未來

第五節　妳是否甘願扮演「情緒填補者」或「經濟共犯」？

> 情感映像：她以為是在談戀愛，
> 後來才發現她只是他人生縫隙的填補物

　　許郁晴三十九歲，是一間文化基金會的行銷總監，獨立堅強、事業有成。她與黃育誠交往兩年，育誠四十六歲，離婚七年，曾經歷一段破產與官司糾紛，現為個人工作室接案者。

　　交往初期，育誠對她說：「我走過最難的時候了，現在只想過平穩的生活。」他展現溫柔與貼心，也坦白曾因婚姻與金錢耗盡信任，他說：「我不敢輕易再信任任何人，但妳讓我開始相信。」

　　郁晴被這樣的脆弱打動，覺得自己成為他重建信任與人生的夥伴。然而，一年後，她開始發現，育誠從未主動提起生活分擔，房租是她出，聚會支出由她先墊，他說：「我不是不付，只是我現在真的比較緊。」

　　情緒上，他總在低潮時找她傾訴，但當她有壓力時，他只回：「妳那麼能幹，一定可以處理好。」

　　她說：「我以為我在談戀愛，但我後來發現，我只是他的人生支撐架構。他靠我站起來，卻從不問我累不累。」

第五節　妳是否甘願扮演「情緒填補者」或「經濟共犯」？◇

情緒填補者：妳總是安撫他，但沒有人安撫妳

他說：「我只有在妳面前才敢軟弱」

這聽起來像是信任，其實更像依賴。他讓妳成為他所有負面情緒的容器，卻無法接住妳的脆弱。他認為妳堅強，於是要求妳承受；他說自己脆弱，於是要求妳理解。

妳開始在關係中：

- 接收他的壓力與焦慮
- 提供他療癒與建議
- 對他的情緒保持彈性與耐心

但當妳有需要時，他卻說：「我這陣子真的沒空想那麼多。」於是妳的情緒被收起，他的焦慮被接住。

長期下來，妳成了他的情緒充電站，卻沒人問妳的電還剩多少。

經濟共犯：
妳一直在幫忙，卻成了默許他不負責的推手

他說：「我不是不努力，只是運氣真的不好」

這樣的男人常用現實困難為由讓妳「暫時幫忙」。他說他會補上，但沒有時間表；他說他會振作，但永遠卡在「還沒輪到我」的困局。

妳開始：

◇ 第四章　他還沒清理完過去，妳卻急著住進他的未來

- 為他先墊開銷
- 幫他修復財務信用
- 協助他事業轉型
- 提供他過渡期生活穩定性

妳成了他的合夥人，卻沒有報酬；妳成了他的保險單，卻無法選擇風險。

當妳累了，他說：「那我真的什麼都沒有了。」這句話讓妳不忍離開，卻也讓妳成為他不成熟的共犯。

妳要的是關係，不是職責

愛一個人可以陪他低谷，但不能讓妳變成他的心理醫師與個人會計。他要走出低潮，那是他的課題，不是妳的任務。

真正的親密是：我可以向妳靠近，也可以自己站好。

妳可以給予，但對方也該具備回饋與承擔的能力；否則妳不是被需要，而是被使用。

愛情不是社會工作。當妳發現自己不再是因為被愛而留下，而是因為他太需要妳妳才不忍離開，那這段感情就已經偏離了健康軌道。

妳不是他的補丁，不是他的支撐架，也不是他的帳戶。妳是值得被愛、被照顧、被陪伴的完整的人。

愛的基本條件，不是妳多願意付出，而是他是否有能力接住妳。

第五節　妳是否甘願扮演「情緒填補者」或「經濟共犯」？◇

情緒填補與經濟共犯角色自我辨識表

自我提問項目	潛在角色傾向	風險提醒
我是否經常接收對方的負面情緒，卻很少能向他傾訴自己的困擾？	情緒填補者	妳的情緒將長期被壓抑，心理負荷日益增加
他是否只在低潮或有壓力時才特別親近我？	情緒填補者	他可能將妳視為情緒避風港而非伴侶
我是否曾多次替他處理金錢上的困難，且至今無明確補償計畫？	經濟共犯	妳已承擔過多風險，對方未展現相對責任
他是否以「我真的很需要妳」或「妳是我唯一的依靠」來留住我？	情緒填補者與經濟共犯交錯	關係建立在依賴而非平等，妳易感壓力與罪惡
我是否在關係中付出了大量支持，但卻難以感受到被回應或承接？	角色失衡，需重新評估互動模式	長期未獲回應，妳將逐步耗盡情感能量與自尊

◇ 第四章　他還沒清理完過去，妳卻急著住進他的未來

第六節　重組家庭＝重組心理界線：該愛到什麼程度？

情感映像：
她進入他的家庭系統，卻找不到自己的位置

　　陳芷蕾三十七歲，是一位文化公關顧問，成熟穩定、情緒收斂。她與男友洪紹凱交往兩年，紹凱離婚八年，育有一女一子，分別為十三歲與十歲，固定週末與父親共處。

　　交往初期，芷蕾對紹凱坦言：「我不排斥重組家庭，但我也不想只當配角。」紹凱回應：「妳不是配角，我想讓妳融入我人生的重要一塊。」

　　他說得很誠懇，但進入家庭系統後，芷蕾發現事情並不如想像簡單。孩子們對她明顯冷淡，前妻雖然禮貌，但仍主導所有教養與時間安排。她提出參與週末家庭活動的建議，紹凱說：「妳先等等，孩子還沒準備好。」

　　某次家庭聚會中，孩子哭鬧，前妻來電干預，紹凱當場起身接電話走開，留下芷蕾獨自與場面僵持。她當下明白，自己進入了一個已經運轉多年、但從未重新設計過邊界的系統。

　　她說：「我進了這扇門，但裡面沒有我的房間。」

三種常見的心理邊界失衡現象

一，角色懸空：妳既不是孩子的母親，也不是純客人

孩子叫妳阿姨，不親近也不抗拒。對妳來說，妳不知道何時該管、何時該退，進退失據。當妳試圖建立連結，對方可能說：「這是我們家的事，妳不必操心。」

二，情緒置換：前妻仍主導孩子與父親的關係節奏

妳無法規劃家庭活動，因為前妻一句「孩子那天要補課」就打亂所有安排；妳無法主動干預孩子的生活，因為對方總說：「這是媽的規定。」妳的角色因此被壓縮，無法發展情感連結。

三，親密犧牲：妳與伴侶的相處時間總被家庭責任擠壓

每次妳想與伴侶單獨相處，總被安排到孩子的時間表後面。當妳提出意見，他回：「你不能要求太多，孩子還小。」妳的需求被合理化延後，妳的情緒被標籤為「不成熟」、「不體諒」。

妳該愛到什麼程度？愛不是讓妳犧牲界線的理由

在重組家庭裡，妳不是要「搶走」誰的位置，而是應該擁有妳自己應得的位置。真正的情感健康，不是妳退到什麼都不說，而是雙方願意重新定義這段關係中的「角色、權責與情感歸屬」。

以下三個界線建構原則，能協助妳自我保護也保護關係：

◇ 第四章　他還沒清理完過去，妳卻急著住進他的未來

一，區分「陪伴」與「照顧」的角色界線

　　妳可以陪伴，但不必取代；妳可以參與，但不等於責任歸屬。界線清楚後，妳的付出才不會被視為干涉，也能避免未來當孩子出現排拒時，妳因承擔過多而感到失落。

二，堅持「伴侶關係」優先於「父職內疚補償」

　　一個成熟的男人應能處理好親子關係與伴侶關係的分配，而不是把前段婚姻的歉疚轉嫁到現任感情中，讓妳無條件理解他的付出。妳不是他的人生補償機制。

三，要求「制度性認可」，而非永遠處於灰色區域

　　妳是否被正式介紹給孩子？是否能參與家庭計畫制定？是否擁有對未來的發言權？這些都不是形式，而是他是否願意讓妳走進他生活系統的明確證明。

妳不是路人，也不是代理人，
妳是伴侶

　　愛一個有孩子的男人不是錯，但錯在妳不該為了「成為一份子」而放棄自己的位置。如果他的世界裡妳總是處在不明不白的角色中，那麼再多體諒也只會換來無止盡的退讓。

　　重組家庭不是挑戰妳的愛有多深，而是考驗他是否願意為妳騰出清楚的心理與生活空間。

第六節　重組家庭＝重組心理界線：該愛到什麼程度？　◇

重組家庭心理界線評估表

自我提問項目	界線健康指標	風險提醒
我是否被正式介紹給孩子，並被明確定義為伴侶角色？	關係角色公開與正名	若未被明確介紹，代表仍被定位為外圈角色
我是否能參與家庭活動安排，而非僅在被動通知後出席？	家庭活動參與主動性	若僅是執行者，妳難以建立家庭歸屬感
我是否清楚知道與孩子、前妻之間的互動界線與權責？	多重角色邊界清晰程度	角色模糊將導致未來衝突時妳無明確位置可站
在家庭決策過程中，我是否具有實質發言權與參與感？	制度與情感參與對等性	若無發言權，妳難以建立共同生活規劃與未來感
當我表達情緒與需求時，伴侶是否願意平等對待而非要我讓步？	需求表達是否被尊重與接住	情緒無法被接住，代表妳在關係中長期處於壓抑位置

◇ 第四章　他還沒清理完過去，妳卻急著住進他的未來

第七節　若他沒辦法劃清過去，就別讓自己走進未來

> 情感映像：她想與他共築未來，
> 卻不知自己是否只是他過去的延伸

　　杜雅嫻三十六歲，是一位出版編輯，理性、內斂、對關係有自己的節奏。她與男友林建宏交往一年半，建宏四十四歲，離婚九年，孩子已成年在外地讀書。

　　建宏對她坦率親切，常說：「和妳在一起，我才覺得這才是愛應該有的樣子。」他也明白表示自己不想再走回婚姻那種形式化的關係，但願意穩定交往。

　　交往中期，雅嫻發現建宏仍保留與前妻的通訊紀錄，還會每月主動聯絡對方關心她的健康與生活。當她問他是否該劃清界線，建宏回：「我們是和平分開的朋友，妳不要想太多。」

　　不只如此，他的生活仍圍繞著過去設計的節奏，包括前妻的生活習慣、老朋友圈、甚至他們曾共用的房子。每當她提到是否該一起換個新住處，他說：「這裡有太多回憶，我放不下。」

　　她漸漸明白，她不是他現在要往前的人，而是被安放在他未處理完的過去邊緣。

他說他已經走出來了,但他的行為還住在過去

在觀察是否「劃清過去」時,語言的表現固然重要,但更關鍵的是行為層面的反覆:

- 他是否仍與前妻有情感性互動(如深夜聊天、節日關心)?
- 他是否保留過去兩人的生活習慣或空間格局?
- 他是否習慣將前段關係的框架套用到現任(例如預設妳會拒絕孩子)?
- 他是否總用「以前怎樣」來預測妳們的未來?

當一個人無法將過去放回「回憶」的位置,那麼他就無法在現在做出新的承諾,也無法對新的關係給出完整的自己。

「劃清過去」不是斷絕,而是重建角色與優先順序

妳不是要他恨前妻,不是要他斷孩子聯絡,也不是要他否認過去的愛。妳要的只是:

- 他是否知道自己現在與妳在一起,是獨立於過去的新選擇
- 他是否願意為妳重新設計生活的軌跡,而非延續舊的系統
- 他是否能對妳的情緒與期待給出現在式的承接,而不是用過去的陰影回應妳的希望

◇第四章　他還沒清理完過去，妳卻急著住進他的未來

　　界線不在於拒絕，而在於清楚。生活可以重疊，但情感不該混淆；記憶可以保存，但行動不該延續模糊的角色定位。

當妳發現自己正在補位，那就該停下腳步

　　很多女人在與離婚男性交往的過程中，會逐漸發現自己變成了以下幾種「補位角色」：

- 前妻的情緒安撫者：他向妳傾訴對前段關係的痛苦與愧疚，卻未真正停止牽掛
- 孩子的第二母親：妳被期待無縫接手教養，卻沒有對應的尊重與界線
- 過去生活的維持者：他延續與前妻生活的習慣與社交圈，讓妳變成影子中的住民

　　妳應該是他的現在，而不是他舊結構的更新插件。妳值得被定位為新的中心，而不是過去的延伸補丁。

他還沒劃清過去，就不可能給妳未來

　　當一個人說他願意重新開始，但行為卻持續被過去綁架，那妳要做的，不是繼續等待，而是退一步思考：妳是否正在進入一段未關閉的情感歷史現場？

第七節　若他沒辦法劃清過去，就別讓自己走進未來 ◇

愛情需要選擇與行動，而不是懷舊與牽絆。如果他的生活與情緒仍然糾纏在過去的模糊與責任裡，那麼妳要學會不是陪他繼續繞，而是為自己選擇一條能夠通往未來的路。

過去界線是否清楚行為評估表

觀察項目	界線判斷依據	風險提醒
是否仍與前妻保持情感性聯繫（如節日關心、深夜對話）？	是否情緒與角色仍混淆	若仍情感牽連，妳將處於心理三角關係中
是否保留大量前段婚姻的生活物品或紀念標記？	是否生活空間未重建	若生活未更新，妳將淪為過去系統的延伸角色
是否會以「以前怎樣」作為回應妳現在的需求？	是否將過去經驗影響現在互動	若以過去作為依據，妳的情緒將持續被否定
是否願意與妳共同建立新的生活節奏與規劃？	是否具備創建新關係的能力與意願	若無規劃意願，妳難以建立實質伴侶位置
當妳表達不安時，他是否會用「這些本來就不該切斷」做為反駁？	是否缺乏對妳當下角色的尊重與承接	若他無法劃清邊界，妳將長期處於不被理解的位置

◇第四章　他還沒清理完過去，妳卻急著住進他的未來

第五章

妳不是用來療傷的風景，
更不是誰的替代品

◇ 第五章　妳不是用來療傷的風景，更不是誰的替代品

第一節　面對「失去」後的戀情：他需要的是療癒還是陪伴？

> 情感映像：
> 她以為是相愛，後來才明白是療傷的過站

　　林昭恩三十四歲，是一位職涯顧問，理性思維、情感穩定。她與劉曜翔交往十個月，曜翔四十二歲，三年前喪妻，獨自撫養六歲的兒子。

　　兩人是在公益講座中認識的，曜翔談吐溫文，舉止得體，談到過去婚姻時語氣淡然。他說：「她是我這輩子最重要的人之一，但我知道她走了，我還有生活要過。」

　　昭恩為他的堅毅動容，也欣賞他能照顧孩子、獨立生活，看似比同齡單身男性更成熟負責。她覺得，這或許是一段成熟的戀愛。

　　然而隨著相處深入，她漸漸感到異樣。曜翔在情緒低落時，會突然沉默整天，說：「今天是她的忌日。」她問是否需要陪伴，他說：「我寧願自己一個人。」

　　有時他會看著昭恩出神地說：「如果她還在，妳們兩個應該會成為好朋友。」昭恩一開始感到榮幸，但久而久之，她開始懷疑——自己是否只是站在他失落之後的一段空缺裡。

第一節　面對「失去」後的戀情：他需要的是療癒還是陪伴？

他需要的是療癒還是關係？五個關鍵觀察點

一，他是否有意識地談論過去與現在的差異？

若他能主動區分前段關係與現階段的情感基礎，說明他已能從悲傷中抽離，轉向「選擇新愛」。若他仍說：「我不知道怎麼再愛一個人」，代表他還在原地。

二，他是否會將妳與過去伴侶做比較？

這包括外貌、性格、生活習慣等細節。例如「她以前也喜歡煮飯，跟妳一樣」，乍聽無害，實則將妳放入他記憶的延續劇本中。

三，他是否將紀念性日子視為個人靜默時刻，而非共享？

若每年忌日、結婚紀念日、生日，他總是自己處理而不願妳參與，代表他仍未將妳納入他的完整人生情感脈絡。

四，他是否對未來有規劃，而非僅停留在「感謝有妳陪著」的語境中？

療癒關係常停留於慰藉與陪伴，無法進一步邁向規劃與建構。若他總說「有妳真好」，卻不談兩人下一步，是在安置情緒，而非經營關係。

五，他是否將孩子或家人引介給妳，視妳為關係中的新角色？

若他仍未向家人說明妳的角色，或不願孩子與妳互動，表示他對妳的定位尚未內化為「長期伴侶」，而是暫時性支持來源。

◇ 第五章　妳不是用來療傷的風景，更不是誰的替代品

妳不是他的悲傷避風港，而是應該被選擇的現在

　　陪伴傷痛是一種善良，但不是妳愛一個人的唯一理由。妳不是為了撫平他失去誰而存在，而是因為妳本身值得被愛。他若還在悲傷裡找出口，那妳不該是他情緒的過渡站，而是他重建人生的共同參與者。

　　若他還走不出那段失去，那麼妳就該停下腳步問問自己：妳是在和他建立關係，還是參與他的療傷過程？

　　當妳的角色不是選擇，而是依賴；當妳的愛不是被回應，而是被需要；那麼這段關係不該繼續。

　　愛情不能只是他悲傷的出口，還必須是妳人生的開始。

喪偶後戀愛角色定位自我辨識表

自我提問項目	可能角色定位	風險提醒
他是否經常在言語中將我與過世伴侶進行比較？	記憶的延伸者	角色模糊可能導致長期與過去競逐位置
他是否在重大紀念日選擇自己處理悲傷，不願我參與？	悲傷的旁觀者	未被納入情感節點，代表關係參與度不足
我們的對話是否多集中在療癒、陪伴，而非共同規劃未來？	情緒的安撫者	無未來共識，將淪為情緒安置場
他是否明確地讓家人或孩子知道我的身分？	關係中的隱身者	身分未被確認，關係無法穩定發展
我是否常感覺自己是在承接他情緒，而非一起建立關係？	療癒過程的過渡者	長期付出後可能無法換得對等承擔

第二節　情感投射與替代心理：他愛的是妳還是那段記憶？

> 情感映像：他說「我從未這麼平靜過」，
> 她卻覺得自己只是另一個影子

蔡翎雅三十五歲，是一名品牌設計師，獨立溫柔，對關係細膩。她與喪偶五年的高律師交往九個月。對方年長七歲，外型穩重、事業有成，在第一任妻子罹癌過世後，生活重心轉為工作與照顧雙親。

律師與翎雅初識時，便表示自己不排斥再談感情，只是「還沒遇到讓我心動也放心的人」。他形容翎雅的體貼與沉靜：「她讓我想起我太太最初也是這麼安定。」

起初翎雅覺得這是稱讚，但相處愈久，她發現對方常用過去框架評價她的行為。她做飯時，他說：「她以前也喜歡這樣蒸魚。」她送他記事本，他說：「她也會挑這種風格。」

當她嘗試和他建立新的習慣，例如一起早晨散步或改變家具擺設，他便說：「她以前很不喜歡這樣，我有點不習慣。」

翎雅開始懷疑：他真正看見的是自己，還是自己與他心中某段美好回憶的重疊？她說：「我像是走進他記憶的空房間，被安排好、擺設好，然後坐在她原本的位置上。」

◇ 第五章　妳不是用來療傷的風景，更不是誰的替代品

情感投射的三種常見模式

一，正向懷舊型：將妳理想化為「她會喜歡的人」

他對妳過度讚美，特別是在妳展現與過去伴侶相似的性格時。他說：「她若還在，應該也會覺得妳很棒。」這讓妳誤以為自己被愛，實則是在某段懷念中被代入。

二，修補性補償型：將妳塑造成「我當時做不到的關係樣子」

他可能說：「她生病時我太冷漠，我現在想好好照顧妳。」這種關懷的動機，是對過去愧疚的代償，而非對妳當下需要的回應。

三，情緒避難型：只在思念與哀傷升高時靠近妳

妳會發現他在某些日子特別熱情（例如忌日、過去紀念日），但平日反而情緒淡漠，顯示他是透過妳來抒發懷舊情緒，而非經營穩定關係。

如何辨識妳是否成為他情感投射的對象？

請觀察以下五項互動特徵：

- 他是否時常用「她以前怎樣」來做比較或聯想？
- 他是否喜歡妳的特質，是因為「她也有」？
- 他是否不願與妳共同創造新的習慣或關係模式？
- 他是否對妳過度保護或過度感性，但對未來計畫模糊？

第二節　情感投射與替代心理：他愛的是妳還是那段記憶？◇

■ 他是否在表達愛意時混合懷舊與當下感受，例如：「如果她在，也會祝福我們」？

若妳發現他愛的是「像她的妳」，而不是「真正的妳」，那妳要慎重思考：妳是他人生新頁，還是被夾在記憶與哀傷之間的代筆？

> 妳不是他記憶劇場的演員，
> 而是有獨立輪廓的關係角色

愛情中的投射很自然，但當對方無法停止將妳對號入座，那麼妳的人格就會逐漸被壓縮，成為某段過往記憶的剪影。

妳值得的愛，不該建立在誰的影子裡。妳是妳，不是誰的替代。

當一個人無法停止對妳說「妳讓我想到她」，那麼妳永遠無法讓他看清「妳就是妳」。

投射不是惡意，但若不自覺，將演變成消耗妳存在感的陷阱。妳該做的，不是去符合他對她的想像，而是提醒他：妳是今天站在他面前的人，值得被完整地理解、選擇與珍惜。

情感投射與替代傾向自我辨識表

自我提問項目	可能傾向	風險提醒
他是否常用「她以前也會」、「這讓我想到她」等語句評論我？	正向懷舊型投射	妳的特質未被真實理解，而是成為記憶的觸發物

◇ 第五章　妳不是用來療傷的風景，更不是誰的替代品

自我提問項目	可能傾向	風險提醒
他是否對我展現特別情感時，多出現在懷念或悲傷日子？	情緒避難型依附	關係存在強烈依賴性，缺乏穩定主體建構
他是否偏好我模仿或延續他過去伴侶的習慣或喜好？	替代角色建構	妳被期待扮演過去角色，將失去自我界線
我是否感覺自己被愛，是因為我符合某種他熟悉的樣子？	記憶形象投射	愛的對象模糊，妳的存在感將逐漸被稀釋
我是否在關係中難以建立新的共同生活節奏與情感語言？	新關係創造受阻	情感互動模式停滯，難以邁向共同未來

第三節　喪偶與失婚不同，悲傷處理的心理歷程需細察

> 情感映像：她以為他只是過去有段關係，
> 後來才發現他經歷的是一場心靈死亡

　　吳依芸三十七歲，是一位自由撰稿人，對情感有著深刻的觀察與同理力。她與白仲軒交往一年，仲軒四十四歲，妻子於四年前病逝，兩人育有一子，當時剛滿十歲。

　　交往初期，仲軒顯得溫柔、克制而深情。他總是用極有分寸的方式靠近依芸，常說：「我沒有忘記過去，但我真的願意向前走。」依芸深受感動，認為自己遇到的是一位歷經喪失後更懂得愛的人。

　　然而相處越久，她越發現他的情緒宛如漂浮在兩個時空。當她希望一同佈置新居，他說：「我不想動那些家具，它們陪我太多年了。」當她提議與他的孩子一同出遊，他說：「還太早，我怕他不習慣。」

　　每當她想談未來，仲軒便陷入長久沉默。她說：「他看起來好像已經往前了，但其實，他的心從未真正離開那個失去的時刻。」

◇ 第五章　妳不是用來療傷的風景，更不是誰的替代品

> 「他走出來了嗎」的判斷基礎，不是語言，
> 而是悲傷歷程的階段

　　心理學家伊莉莎白・庫伯勒—羅絲（Elisabeth Kübler-Ross）提出悲傷的五個階段模式：否認、憤怒、討價還價、沮喪、接受。雖然此模式被認為非線性且個體差異極大，但對於喪偶者的情感復原仍具指標意義。

一、否認（Denial）：情緒封閉與逃避現實

　　他避免談論過去，不讓妳接觸與前妻有關的物品或記憶，對外顯得冷靜甚至積極，對內卻封閉情緒、缺乏真實互動。此時的他尚未真正承認失去，也無法允許自己或他人碰觸悲傷。你會感覺與他之間隔著一道「無形的牆」。

二、憤怒（Anger）：不滿轉移與情緒拉扯

　　他可能開始對他人表現出莫名易怒，對於日常小事反應過大，或對妳表現出忽冷忽熱的態度。他心裡可能有許多未曾表達的怨懟，例如：「為什麼是她走？」、「為什麼我被留下？」這些情緒若未疏通，會無意中波及到妳的關係。

三、討價還價（Bargaining）：矛盾言行與關係保留

　　他口中說著：「我知道她走了，也該繼續生活」，卻同時對妳進一步的靠近產生抗拒，例如：「我不想破壞她留下來的一切」、「這些擺設我還想保留」。此階段他可能內心正與失落進行「交易」，希望用某種形式留住她，導致與你的關係無法前進。

第三節　喪偶與失婚不同，悲傷處理的心理歷程需細察

四、沮喪（Depression）：沉溺回憶與自我懷疑

他經常回憶往昔，將她描述得極其完美，對過往沒有一絲怨懟，甚至將妳與她做比較：「她總是很體貼」、「妳不像她那麼懂我」。這是他內心情緒低谷的展現，陷於喪失帶來的空洞與自責，妳不是被理解，而是成為他理想化記憶的對照組。

五、接受（Acceptance）：內在整合與真誠連結

他開始正視失去的事實，能說：「她永遠是我生命的一部分，但我願意為現在努力」。他願意與妳一起規劃未來、調整生活習慣，甚至考慮讓妳成為家中一部分，例如與孩子建立新的關係。在這個階段，他與過去和解，也才真正有能力投入一段成熟的關係。

若他尚未進入「接受」階段，請妳謹慎評估，否則妳的付出將可能只是催化他轉化情緒的中介，而非一段成熟關係的共同基礎。

妳不是要他忘記，而是看見妳的存在不該被稀釋

健康的悲傷整合不等於遺忘，而是他能將那段愛放在一個不再干擾當下的位置。妳不是來取代誰，也不是來裝飾他的過去，妳是來與他共建新的現在。

悲傷不是錯，但若一段新關係始終被安置在哀悼的陰影下，那麼妳的愛會慢慢被消耗成陪伴的義務。

妳該問的不是「他是否曾深愛過」，而是「他是否準備好也深愛現在的妳」。因為若他還活在過去，那麼妳就無法和他一起走向未來。

◇第五章　妳不是用來療傷的風景，更不是誰的替代品

悲傷歷程與情感整合觀察表

觀察項目	所屬悲傷階段	風險提醒
他是否避談過世伴侶，或對過去關係始終保持沉默？	否認與壓抑	尚未進入情緒處理階段，關係將難以深入
他是否經常理性描述自己已經放下，但行為仍緊抓過去？	討價還價與理智接受	自認接受但行為未轉化，可能陷入停滯關係
他是否將過世伴侶過度理想化，並與妳進行潛在比較？	理想化與未整合情緒	妳被當作記憶的代替者，非獨立愛的主體
他是否願意與妳規劃未來生活、空間與習慣的改變？	整合期的鬆動與連結	情感關係可建立，但須觀察其一致行動力
他是否能與妳討論如何將妳與孩子／家人互動納入新結構中？	重構關係與角色重整	若能正視角色轉換，則新關係有整合可能

第四節　他是否將妳理想化，作為彌補失去的幻想？

> **情感映像：**
> 她以為自己是他的愛，後來才發現只是他投射的答案

　　林婉柔三十二歲，是一名婚禮企劃，浪漫理性並重。她與宋煜凱交往半年，煜凱四十歲，妻子三年前意外過世，至今未再正式談過戀愛。

　　初次見面，煜凱就坦白說：「我一直不知道自己還能不能愛人，但遇見妳，我突然有了一種久違的心跳感。」婉柔被他的坦誠與溫柔吸引，也對這段可能療癒彼此的感情充滿期待。

　　交往後，煜凱總是讚美她的每一個細節。「妳的眼神很像她，但又多了點堅定。」

　　「妳的溫柔像她，但妳更會照顧人。」

　　「我覺得她若在，也會希望我能遇見像妳這樣的女人。」

　　起初婉柔覺得被重視、被珍惜，但愈來愈多時候，她發現煜凱對她的認知停留在「他希望她是怎樣」，而不是「她真正是誰」。她說：「我不是不想安慰他，而是我感覺自己被他當成一種修復工具，而非一個被理解與共建未來的人。」

◇ 第五章　妳不是用來療傷的風景，更不是誰的替代品

理想化 vs. 真實愛：妳被放在哪一種框架中？

理想化的特徵

- 他過度讚美妳的外表、特質，語言抽象而非具體行為互動
- 他將妳與過世伴侶進行隱性或明顯的對照，但始終讓妳「勝出」
- 他在關係中忽略妳的缺點或不願意討論衝突
- 他認為「有妳之後我才完整」，賦予妳修復他人生的使命感

真實愛的特徵

- 他願意接納妳的全部，而不只是與某個記憶對照後的版本
- 他與妳討論現實問題與未來規劃，而非停留在情緒感恩或感性期待中
- 他尊重妳作為獨立個體的情緒、選擇與節奏
- 他不會用「她會怎麼想」來評論你們的愛

理想化的代價：妳可能被過度需要卻不被真正理解

當一段關係建立在理想化上，妳會感受到一種「溫柔卻模糊的壓力」：

- 妳要一直穩定、溫柔、體貼，因為他需要妳這樣才安心
- 妳不太能出錯，否則他的幻想會崩潰，關係會突然冷卻

第四節　他是否將妳理想化，作為彌補失去的幻想？ ◇

■ 妳不被允許抱怨或退後，因為他把妳視為「這世界上最後的希望」

妳變成他心中「失去後不想再失去」的形象，而非可以自然互動的情人。

如何分辨他是否已將妳理想化？

請自問以下幾個問題：

■ 他是否只喜歡妳「最好、最體貼」的一面，而對妳的脆弱或情緒低潮缺乏回應？
■ 他是否總說「我現在很幸福，不能再讓遺憾發生」，而在衝突時反應極端？
■ 他是否很少問妳真正的想法與選擇，而是直接預設妳會同意他對於未來的安排？
■ 他是否對妳抱有某種「道德性預期」，如「妳這樣善良，她一定也會祝福我們」？
■ 妳是否有時感覺：自己不是在戀愛，而是在扮演「不會讓他再痛一次」的人設？

◇ 第五章　妳不是用來療傷的風景,更不是誰的替代品

> 他若只是需要一個不會消失的人,
> 那不是愛,是依賴的幻象

真正的愛,是理解妳是誰,接住妳的不完美,而不是把妳安放成一種永不崩解的慰藉機制。

當他說「妳讓我覺得世界又完整了」,妳可以感動,但妳也要問:「那如果我哪天不再完美呢?」

妳不該是他幻想中「理想的替代」,妳該是他用真心去認識與選擇的真實伴侶。

理想化與真實互動差異辨識表

觀察項目	理想化互動傾向	真實互動傾向
他是否只在妳表現得體貼、溫柔時特別親近?	喜歡「角色中的妳」而非「完整的妳」	喜歡妳的全貌,包括情緒與反差
當妳出現情緒低潮或不安時,他是否無法接住妳?	無法接納妳的真實狀態	願意支持妳的脆弱與現實需要
他是否避免談論關係中的衝突,強調「妳讓一切都很好」?	逃避真實議題,維持完美關係幻想	願意面對問題,並與妳協商解決方式
他是否用「她也會這樣」或「妳比她更好」來形容妳的行為?	將妳置於比較框架,非獨立認識	把妳視為獨立個體,不以他人為比較依據
他是否在未詢問妳意願前,就預設妳會照顧他、照顧孩子或配合安排?	把妳當作人生問題的解答者而非共同決策者	尊重妳的選擇與步調,共同決定未來方向

第五節　愛一個傷心過的男人，要有同理也要有界線

> **情感映像：**
> 她付出全部的溫柔，最後卻發現自己也被耗盡了

張語晨三十三歲，是一位劇團編導，個性溫暖細膩，對感情抱持著深刻的尊重與理想。她與黃士凱交往兩年，士凱四十一歲，妻子於三年前病逝，育有一名女兒，與父同住。

士凱常說：「我這輩子最幸運的事之一，就是遇到過真正的愛；而我現在最害怕的，就是失去妳。」他談話總是帶著感性與依賴，語晨感受到自己在他人生中扮演著獨一無二的位置。

一開始，她為他的傷痛感動，也努力去理解他所經歷的那段人生。當他在深夜落淚，她抱著他不語；當他遲遲不願帶她見女兒，她說：「我懂你需要時間。」

但兩年後，當她提到是否可以共組家庭，士凱卻退後一步。他說：「我真的珍惜妳，可是我現在不確定自己還有沒有勇氣進入另一段家庭關係。」

語晨這才明白，這兩年間，她給出了所有理解與溫柔，但他從未真正準備好走入她的人生。

◇ 第五章　妳不是用來療傷的風景，更不是誰的替代品

同理不是沒底線的忍耐，界線不是無情的距離

同理的正確姿態

- 能說「我懂你這麼想」，但也能說「我也有我的感受」
- 願意傾聽過去，但更期待共創未來
- 懂得體諒他的哀傷，但不會讓哀傷壓倒自己的情緒需求

界線的溫柔存在

- 設定時間與空間：如「我可以陪你談這件事，但今晚我需要一些安靜」
- 表達期待與立場：如「我尊重你對孩子的安排，但我也希望你聽聽我的想法」
- 對模糊回應保留距離：如「我理解你還沒準備好，但我也不能無限等待」

妳的角色不是他心情的安全網，而是關係的共同建築者

愛他的同時，妳也要問問自己：

- 妳的需求被聽見了嗎？
- 妳的未來願望被納入規劃了嗎？

第五節　愛一個傷心過的男人，要有同理也要有界線

■ 妳的心情有人在意嗎？
■ 妳的情緒可以被討論嗎？

如果這些問題的答案多數是否定，那麼妳就不是他真正想建立關係的人，而只是他人生風雨中一段「可以安心靠一下」的過渡。

同理與界線的三重守則：給懂得愛的妳

一，聽見他，但不要消失自己

妳可以抱著他哭，但也要有人能抱著妳；妳可以陪他低潮，但不能永遠自己站在水裡。

二，尊重他的時間，但不要耗損妳的青春

他需要療癒，但妳也有時區；若他總說「我還沒準備好」，那麼妳也該想想「我還願意等多久？」

三，承接他的過去，但妳不是替代者也不是修復師

他若還在回憶裡，妳就別讓自己變成他的記憶拼圖。愛不該是妳不斷讓位，讓他放得下痛。

妳可以理解他的悲傷，甚至願意陪他共度脆弱，但妳不該成為那份脆弱的枷鎖。當他說「我怕再受傷」，妳要問：「那你會保護我不受傷嗎？」

若一段關係只有妳在理解、退讓、等待，妳就不是被愛，而是被依賴。

妳要的，不是一個需要妳的人，而是一個準備好也想要妳的人。

155

◇第五章　妳不是用來療傷的風景，更不是誰的替代品

同理與界線平衡自我覺察表

自我提問項目	自我關係傾向	風險提醒
我是否經常安撫對方的情緒，但忽略自己也需要情緒支持？	過度承接他人情緒	長期壓抑將導致情緒枯竭與關係倦怠
當對方退縮或情緒不穩時，我是否會主動減少自己的需求表達？	壓抑需求以維持關係	關係將傾向單方面犧牲，失去互惠性
我是否長時間等待對方準備好，而未評估自己是否正在消耗？	失衡的等待與自我延遲	妳可能錯失真正想要的人生節奏
我是否對對方的失落與創傷過度同理，導致我失去自身立場？	同理過度造成角色混淆	妳可能被對方依賴但無法獲得回應
我是否難以對對方設下情緒與關係的合理界線？	界線模糊導致內在失序	妳會逐漸失去在關係中的自我定位

第六節　如何分辨他是否準備好重新建立穩定關係？

情感映像：她投入全心，他卻始終停在情緒原地

　　高詠萱三十四歲，是一位平面設計總監，事業穩定，情感成熟。她與李建宏交往八個月，建宏四十五歲，三年前妻子因車禍驟逝，至今獨居。

　　交往初期，建宏顯得沉穩可靠。他對她說：「我不確定自己能不能再愛，但我想試試看。」這份坦白讓詠萱感到安心，也覺得自己可以成為他的療癒與重建之人。

　　他們的相處平靜、舒服，但只要提到未來計畫，如是否同居、是否與她的家人互動，建宏總說：「再看看吧，不要那麼快。」詠萱提出去旅行、規劃明年的節日活動，他總含糊回應。

　　某次她鼓起勇氣問：「你還沒準備好，還是你其實沒想過真的要開始一段關係？」建宏低頭說：「我以為我可以，但我發現我還停在三年前。」

　　詠萱明白，與他在一起，她不是在愛一個準備好的人，而是在陪一個人等待自己醒來。

◇ 第五章　妳不是用來療傷的風景，更不是誰的替代品

他是否準備好？從三個層面觀察

一，心理層面：他是否願意談未來，而不僅停留在過去

　　準備好的人，不會再用過去的語言編織現在的情緒。他會談論規劃、責任、願景，而不是不斷懷念與感謝妳的陪伴。他的語言不是：「有妳真好」，而是：「接下來我們怎麼一起走」。

　　觀察語句：

- 「我希望明年我們可以……」
- 「我正在想如何讓你融入我的家庭／生活節奏」
- 「她的離開教會我更珍惜現在的妳」

二，行為層面：他是否將妳納入生活，而不只是情緒上的慰藉

　　真正準備好的人，會讓妳參與他的生活節奏。從見家人、融入朋友圈、安排同居或旅行，到讓妳與孩子有初步互動。他不再用「等一下」、「慢一點」、「不要碰」這類語言建構情感防線。

　　觀察指標：

- 是否主動規劃兩人共同的日常安排
- 是否願意與妳討論家庭／財務／時間管理等現實議題
- 是否在重要日子讓妳在場而非獨自處理回憶

三，承諾層面：他是否願意具體定義關係而非模糊帶過

　　準備好的人，會願意把妳介紹給朋友、家人、孩子，也會明確地說出「我們是什麼樣的關係」。他不是說「我愛妳」，而是說「我願意為這

第六節　如何分辨他是否準備好重新建立穩定關係？

段關係承擔並建立」。他的愛不是只存在於句子裡，而能被時間與行動證明。

小心這些常見「假裝準備好」語句

- 「我真的喜歡妳，但我現在無法給妳保證」
- 「妳很特別，我不想讓妳受傷，所以我不敢太靠近」
- 「我想慢慢來，但我們不要定義關係，這樣比較自由」
- 「現在太多事情要處理了，之後再說」
- 「妳陪著我，我真的好感激」——但從未說過想要跟妳一起過一輩子

這些話乍聽溫柔，實則是將妳安置在等待區的潛臺詞。

妳要的是共建生活的能力，而不是悲傷故事裡的一段溫柔

他如果準備好了，他不會讓妳反覆自我安慰。他會主動提出行動，而不是妳總是在發問；他會讓妳知道妳在他的計畫裡，而不是只是「情緒裡的救贖者」。

愛情不是等待某人恢復愛的能力，而是遇見一個也想好好愛妳的人。如果他總是用「我會努力」帶過所有承諾，那麼他要的可能不是妳，

◇ 第五章　妳不是用來療傷的風景，更不是誰的替代品

而是一個能陪他繼續沉睡的溫床。

　　當妳已準備好，而他還停在過去，那麼妳該愛的不是他的故事，而是妳自己的未來。

穩定關係準備度觀察指標表

觀察項目	穩定關係準備指標	風險提醒
他是否主動與我討論未來生活（如同居、家庭安排）？	有具體未來共識與目標	若未主動規劃未來，關係可能停留在陪伴階段
他是否願意讓我參與他的日常與家庭決策？	生活整合意願與實際參與	若生活無實質整合，關係難以走向穩定
他是否願意在適當時機介紹我給親友或孩子？	社交與家庭公開程度	若妳無法被介紹與正名，角色認同不明確
他是否能就我們的關係給出明確定位與承諾？	情感關係的定位與責任	若承諾模糊，妳將持續處於等待與不安中
他是否能處理自己的哀傷，而不是讓我承接他所有的情緒？	情緒自理與分擔平衡	若妳總是承接情緒，妳將難以建立平等互動

第七節　妳不是修復他人生的工具，而是平等關係的起點

情感映像：他的人生是斷裂的，她以為自己能成為那段空白的拼圖

謝妍均三十六歲，是一位職涯教練，平時擅長安撫他人、引導方向。她與曾喪偶的陳思遠交往一年，對方四十四歲，妻子因罕病去世，留下尚未成年的女兒。

思遠初識時表現得內斂沉穩，對妍均的溫柔與理解極為感激。他說：「遇到妳，是我這幾年最像陽光的一刻。」妍均自認自己不是要當救世主，但她也清楚自己想成為思遠人生的嶄新起點。

起初，他們一起規劃週末、建立新的生活習慣，她也漸漸與他的女兒有互動。然而隨著時間推進，妍均發現，每當她想進一步共建關係，如規劃未來居住、訂下共同財務安排，思遠總是說：「妳已經給我很多了，不需要再改變什麼。」

當她提到自己的失落，思遠則說：「我沒想過妳也會需要我照顧。」那一刻她明白，他需要的是被陪伴與照亮，而不是一場互相支撐的關係。

◇第五章　妳不是用來療傷的風景，更不是誰的替代品

她說：「我不是不想給，我只是發現，這段關係裡只有我在付出，而他在原地休息。」

妳不是他的人生拼圖，也不是他的情緒修復裝置

當一個人把關係當作「恢復自我功能的場域」，那麼妳就會從伴侶轉為下列角色：

- 情緒維生器：他不開心時找妳開解，好了之後又冷淡
- 家庭代班者：妳代替前任照顧小孩、打點事務，但從不被公開
- 人生靠站點：他說「妳的出現讓我撐下來」，卻從未說「我要帶妳一起前進」

這樣的愛，看似溫柔，其實對妳極其耗損。因為它建立在妳持續「給」，卻無法「被給予」的結構上。

真正的平等關係，是兩個人都願意為彼此努力

有平等感的關係會展現以下特徵：

- 雙方能互相照顧，不只是一方提供情緒與實質支持
- 妳的需求與情緒能被聽見與尊重，而不是被壓下「現在不適合說」
- 未來規劃是雙方的共構，而非他決定妳等待

第七節　妳不是修復他人生的工具,而是平等關係的起點 ◇

- 他願意主動承接妳的情緒,而非妳永遠是那個穩定他的人

缺乏平等感的關係,妳會感覺:

- 「我懂他很多,但他真的了解我嗎?」
- 「他總說我幫了他很多,可是我們真的有共同人生嗎?」
- 「我怕講太多,會讓他壓力大,但我也開始懷疑我自己的感受重要嗎?」

妳的溫柔要用在願意為妳撐傘的人身上

有些男人並不惡意,他只是習慣了受人照顧、理解與包容,但妳若不設限,他就不會主動長出能給予的能力。

妳該說:「我願意陪你走過過去,但我不是為了幫你恢復正常而來;我是來與你共創一段新的生活,而不是成為你回到舊日常的工具。」

妳值得的是能與妳並肩的人,不是永遠靠著妳的人。如果妳總在修補他的創傷、替他安排未來、維持關係節奏,那麼這段關係的重量只會壓在妳身上。

愛情不是照護計畫,而是平等契約。妳不是工具,不是拼圖,不是療傷藥膏。妳是另一個完整的人,值得被放在一段關係的正中央。

◇第五章　妳不是用來療傷的風景，更不是誰的替代品

關係角色定位與自我耗損檢測表

自我提問項目	潛在角色定位	自我耗損風險
我是否經常在情緒上照顧對方，但對方較少接住我的情緒？	情緒照護者	長期缺乏互惠將導致心理枯竭
我是否承擔了大部分生活、家庭或人際整合的責任？	功能執行者	妳的角色逐漸偏離伴侶，而變成協助者
對方是否總說我「讓他走出來」，卻很少問我需不需要被支持？	人生重建支架	妳可能被理所當然地依賴，難以退出
當我表達自己的感受與需求時，他是否常以「現在不是時候」帶過？	情緒承接端	妳的聲音在關係中被邊緣化
我是否在這段關係中常感到疲憊、孤單，卻難以說出口？	工具型伴侶傾向	若無法重建界線，妳將失去自我主體感

第六章
在他的沉默裡，妳不見了自己

◇ 第六章　在他的沉默裡，妳不見了自己

第一節　宅男不等於乖男孩：內向者也可能有掌控傾向

> 情感映像：
> 他不吵不鬧，她卻總覺得被壓著喘不過氣

　　鍾妤婕三十歲，是一位服裝設計師，個性外向、感性而有主見。她與黃柏臣交往一年，對方三十四歲，是自由接案的工程師，日常幾乎不出門、不參與社交活動，生活簡潔、話不多。

　　交往初期，妤婕認為柏臣的安靜與穩定，與她過去經歷過的情緒風暴型戀愛截然不同。他從不咆哮、從不冷暴力，也不干涉她交友，但他會安靜地說：「我不太喜歡太多人，妳週末要出去就去，但別太晚。」

　　起初妤婕覺得自己被尊重了，直到她發現，自己漸漸不再穿亮色系出門、不再主動找朋友聚餐、甚至說話語氣也開始壓低音量，只因為「他喜歡安靜、單純、不複雜的生活」。

　　她說：「他從沒逼我改變什麼，但不知道為什麼，我卻變得愈來愈像他希望的樣子。」

「乖」只是外表，內斂也可能有高度的掌控欲

內向者的被動控制行為表現：

語言極簡但反覆重申偏好

例如：「我真的不喜歡吵鬧的地方」、「我沒辦法跟太多朋友應酬」，看似陳述事實，實則不斷框限妳的生活選擇。

不阻止妳，但讓妳感覺內疚

當妳說「今晚想和朋友吃飯」，他回：「沒關係啊，反正我自己也習慣了」，讓妳下次就不再提起，因為那句「沒關係」聽來像一種失落。

情緒不外顯，但氣氛沉重

他不生氣、不指責，但當妳做了他不喜歡的事，整天氣氛低迷、不說話、不主動互動，讓妳自動調整行為以避免再次觸碰底線。

不明言要求，但潛臺詞清晰

他從不說「妳應該怎樣」，但妳總知道「他會怎樣看待妳怎樣的人」。久而久之，妳便在無形中靠近他「理想中的女友樣貌」。

◇ 第六章　在他的沉默裡，妳不見了自己

內向者的控制傾向，常與兩種心理傾向重疊

一，高控制需求但低衝突承受度

這類人無法面對關係衝突，因此不會直接要求、談判或表達不滿。他們選擇用沉默、不參與、冷處理、或持續性情緒抽離，讓妳主動「看懂他要什麼」，以此達成掌控目的。

二，迴避型依附者的情感自主防衛

根據依附理論，迴避型人格會為了自我安全感，建構極高的邊界。他們避免過度情緒糾纏與失控，習慣「不接收，也不給出」，讓妳永遠處在關係中被測試、被等待與自我矯正的狀態。

他不發火，妳卻變得小心翼翼：這就是控制開始的徵兆

控制不一定是說「不准妳這樣」，而是讓妳心裡出現「他應該不喜歡我這樣」。當妳開始選擇閉嘴、收斂、延後，只因為「我怕他覺得不舒服」，那麼這段關係的權力分配已經失衡。

若妳的個性原本活潑，但現在變得拘謹；原本社交頻繁，現在總是回家；原本思維自由，現在變得保守，那麼妳要問的不是「我是不是愛錯人」，而是「我是不是正用愛壓抑自己」。

第一節　宅男不等於乖男孩：內向者也可能有掌控傾向

他可能不凶、不管、不逼妳，但妳已經不再像妳了

妳不需要被罵才叫被限制，有時一段安靜、無爭吵的愛情，反而是最容易讓人放棄自我的環境。

宅男不壞，內向者也不是問題，但當一個人用他的「習慣」、「界線」、「氣氛」讓妳慢慢收起妳原來的樣子，這段感情就不再是雙方對等的交會，而是妳逐漸調整到只剩他的軌道。

愛，不該讓妳變得愈來愈小聲。

內向型伴侶控制傾向觀察表

觀察項目	控制傾向表現	風險提醒
他是否經常以沉默或冷淡反應讓我自行調整行為？	非語言性情緒操控	若妳總在解讀他的情緒而非表達自己，妳將失去互動主權
他是否反覆強調自己喜歡「安靜、簡單」，導致我避免社交活動？	以個人偏好規訓對方生活選擇	妳會逐漸失去社交支持系統，陷入心理孤島
當我提出不同意見時，他是否退縮、不表態，但氣氛變得緊張？	衝突規避下的情緒懲罰	情緒冷場常使妳壓抑表達，形成長期溝通失衡
他是否不直接禁止我做某事，卻讓我感受到內疚與壓力？	情緒內化導致對方自責性妥協	內疚感會使妳無法捍衛自己需求
我是否常感覺自己變得更壓抑、更配合他所習慣的節奏？	漸進式角色壓縮與個性轉移	妳會在關係中漸漸失去自我，成為對方習慣的延伸

◇ 第六章　在他的沉默裡，妳不見了自己

第二節
他安靜不等於他沒想法，只是妳沒看到

情感映像：他話不多，但她的世界卻愈來愈小

　　宋怡萱三十一歲，是一位手作品牌經營者，開朗直率，習慣在關係中主動溝通。她與沈敬文交往十個月，對方三十六歲，是科技公司的程式設計師，個性安靜、不太愛出門。

　　敬文從不對她發脾氣，也不對她的生活多所干預。他說：「我沒什麼好說的，只要你開心，我就好。」怡萱起初覺得輕鬆自在，但交往後，她發現一切都由她決定──去哪、做什麼、見誰，敬文總是說：「都可以。」

　　然而，某天她約敬文與朋友聚餐，敬文當場拒絕，說：「我從來沒說我喜歡這樣。」她才意識到，自己其實從未真正理解他，而他也從未真的說過自己想要什麼。

　　她說：「他很安靜，但並不代表他沒標準。我只是不知道他心裡的規則是什麼。」

安靜不代表無意見：
他其實有想法，只是不習慣說出口

他可能會表現出以下特徵：

避免直接衝突，但會默默迴避

妳以為他同意，實際上他只是不想爭執。等到事件來臨時，他會用沉默抵抗、突然消失或冷處理來表達不滿。

用行為表態，而非語言說明

他不會說「我不喜歡妳這樣」，但會在妳這樣做後冷淡、疏離、降低互動，讓妳自行反省。

在重大議題上才突然介入，但立場堅定

平時不管妳工作、人際、消費習慣，當涉及價值觀（如是否結婚、孩子教養、家庭財務），他會突然明確表達，讓妳措手不及。

情緒不外顯，但內心劇本已演完

當妳問他：「你是不是在生氣？」他回：「沒有。」但三天不主動聯絡，妳知道他心裡並不如他所說。

他話少，妳就該多問 —— 不是猜，而是要求對等表達

很多女性會以為「他不講，是因為尊重我」，但實際上，話少不等於沒有立場；不說不代表沒有期待。

◇ 第六章　在他的沉默裡，妳不見了自己

若妳總是單方面做決定、負責溝通、主導情緒處理，而他只是回應「都可以」、「妳決定」，那麼這段關係的互動模式其實已經失衡。

妳該建立的三個心理原則是：

尊重他的節奏，但不能放棄妳的知情權

妳可以給他思考空間，但也該清楚說：「我需要你明確表達，不是我自己猜。」

不要以妳的外向去彌補他的安靜

如果妳總是在填補他的話語空白，妳會漸漸累，關係會變成單向傾斜。

強調「共同溝通責任」，不是妳單方面的主動

他不說，不代表妳就該猜；妳不該總是成為那個主動啟動話題、扛起情緒平衡的人。

他若總是安靜，那麼妳要的不是學會理解，而是學會要求被說明

安靜不是錯，但如果安靜成為逃避對話的藉口，成為操縱權力的工具，成為妳無法建立對等關係的障礙，那麼妳就不該再忍耐，而該出聲。

愛一個安靜的人，不是學會安靜下來等他開口，而是勇敢說：「我需要你開口，因為我們要一起生活。」

第二節　他安靜不等於他沒想法，只是妳沒看到

安靜型伴侶表達與溝通參與度觀察表

觀察項目	溝通參與度分析	風險提醒
他是否常用「都可以」或「妳決定」回應重要的生活決策？	語言迴避與責任轉移	妳將獨自承擔關係方向與決策負荷
當出現情緒不合時，他是否習慣沉默或冷處理而非溝通？	衝突處理傾向迴避	溝通中斷會削弱情感連結與安全感
他是否在關係中很少主動提出討論、計畫或問題解決？	溝通主動性不足	缺乏主動性將讓妳長期處於引導者角色
他是否會用行為疏離取代直接說明自己的立場與感受？	情緒表達傾向間接化	妳會無法獲得清楚回應，陷入猜測與委屈
我是否常因猜測他的感覺而感到焦慮、疲憊與自我懷疑？	關係互動壓力轉嫁	情緒耗損累積將導致妳的自我價值感流失

◇ 第六章　在他的沉默裡，妳不見了自己

第三節　為什麼他總是活在自己的世界？（自我中心 vs. 迴避型人格）

> 情感映像：她以為他只是習慣一個人，
> 後來才發現他從沒打算打開心門

　　賴郁婷三十三歲，是一位自由文字工作者，性格溫暖而有耐心。她與葉承諺交往九個月，承諺三十八歲，是資深動畫師，工作時間不規律，長期在家遠距處理專案。

　　剛開始交往時，承諺會主動聯絡、細心回訊，還會為她設計個人化的小動畫表達情感。但幾個月後，他變得沉默寡言，不再提及未來，也不參與郁婷的社交生活。她提議一起出國旅行，他說：「我還是比較習慣自己去。」

　　她試圖與他溝通，他說：「不是妳的問題，是我不太會讓人靠近。」郁婷說：「我一直以為他只是需要時間，直到有一天我發現，他根本沒打算容納我進入他的世界。」

第三節　為什麼他總是活在自己的世界？（自我中心 vs. 迴避型人格）

他總是活在自己的世界，可能源於兩種心理動力

一，自我中心型思維（egocentricity）

這類男性的內在邏輯是：「只要我沒有傷害妳，就是我在愛妳。」他們認為自己的習慣、節奏、價值觀是理所當然的，對伴侶的需求反應遲鈍，甚至無法理解何謂「關係中的互動責任」。

特徵包括：

- 不主動詢問妳的感受，認為妳不說就代表沒事
- 習慣照自己的步調安排生活，若妳介入就覺得被干擾
- 用理性語言逃避情緒需求，例如：「妳太敏感了」或「這種事不用講吧」

二，迴避型依附人格（avoidant attachment）

這類男性的情感邏輯是：「愛是危險的，所以我需要保持距離才能安全。」他們過去可能曾經歷被忽略、被過度控制或情感創傷，因此建立了一套對親密關係的「低接觸高防禦」系統。

特徵包括：

- 親密時抽離，關係進一步就冷淡
- 不主動提出共識與承諾，將親密關係「保留在可控制的邊緣」
- 每當妳表達需求，他會覺得壓力大、甚至覺得妳要求過多

◇ 第六章　在他的沉默裡，妳不見了自己

> 妳愛的不是他那個世界，
> 而是妳以為終有一天能走進去的幻想

妳以為他的安靜是一種溫柔，其實是防衛；妳以為他的沉默是一種成熟，其實是迴避。

當妳愈努力靠近，他愈退得深；當妳愈包容、愈理解，他愈將妳視為「可被容忍但不需承擔」的存在。

妳進不去他的世界，不是因為妳不夠溫柔，而是他從未真正為妳打開大門。

如何辨識他是「沉靜」還是「封閉」？

行為特徵	安靜性格	情感封閉
是否願意談情緒	不善表達但願意回應	直接逃避，迴避話題
對妳的生活是否關心	用行動支持	覺得不干他的事
是否願意談未來規劃	雖慢但有回應	永遠說「現在就好」
是否讓妳參與他的生活細節	願意適度打開	將妳排除在界線之外

> 他的世界不一定需要被闖入，
> 但妳不該永遠站在門外

如果一個人總說：「我就是這樣」，妳就要問：「那我能不能在這樣裡面存在？」

若妳在這段關係中總是靠近被推開、表達被冷處理、互動被簡化成

第三節　為什麼他總是活在自己的世界？（自我中心 vs. 迴避型人格）◇

「等我想講時再說」，那麼他不是真的愛得安靜，而是愛得防衛。

一段真正的關係，應該是互相讓對方進入彼此的世界，而不是讓一方永遠駐足門前。

自我中心與迴避型伴侶辨識與互動困境觀察表

自我提問項目	潛在心理傾向	風險提醒
他是否很少主動關心我的情緒與需求，卻期望我理解他的習慣？	自我中心型互動模式	關係互動將長期失衡，妳會成為情緒照顧者
當我提出未來規劃，他是否以「現在就好」、「別想太遠」回應？	迴避型依附，拒絕未來連結	未來無共識，妳將陷入無止境等待
他是否將自己的空間與生活模式視為理所當然，而我需配合調整？	控制式結構與單向適應	妳將喪失主體地位，被動適應對方世界
每當我靠近或表達想要更多互動時，他是否變得冷淡或疏遠？	親密恐懼與退縮反應	情緒表達無法被接住，關係深度受限
我是否總覺得自己在關係中外圍打轉，無法真正進入他的生活核心？	情感邊界封閉，不納入伴侶角色	妳將始終是旁觀者，無法獲得真正親密感

◇ 第六章　在他的沉默裡，妳不見了自己

第四節　宅＝不擅社交？
還是情緒退縮的防衛機制？

情感映像：她以為他只是不愛出門，後來才發現他怕面對情感現實

　　林若庭三十二歲，是一位出版社企劃編輯，熱愛閱讀與人際互動。她與蘇柏諺交往一年，柏諺三十四歲，是網頁設計師，平日多在家工作，自稱「社交恐懼但內心溫柔」。

　　交往初期，柏諺總說：「我不太習慣外面太吵的環境，但我喜歡有妳陪在旁邊。」他對她體貼入微，卻始終抗拒與她的朋友聚餐、參與家族活動，甚至拒絕在社群平臺公開關係。

　　若庭一開始認為他只是內向，直到她發現他連公司聚會都會請假迴避，對日常中的人際互動保持極度距離，對未來共同生活更是毫無具體想像。

　　她說：「他不是不愛我，但他活得太封閉，讓我永遠站在他生活的門外。」

第四節　宅＝不擅社交？還是情緒退縮的防衛機制？

宅的背後不一定是性格，有可能是情感逃避

表面現象：

- 不愛出門、不喜歡聚會、不擅與人交談
- 喜歡一個人待著、做自己的事
- 對情侶活動不主動安排，也不想與妳的社交圈互動

實質心理機制可能包含：

一，情緒防衛性退縮（emotional withdrawal）

這類人對於表達需求、面對衝突或處理關係中的複雜情緒感到焦慮，因此傾向避開任何可能產生情緒張力的場面。他們習慣說：「我不知道該怎麼回應妳」，或「這種事我沒處理過」，來逃避情緒負擔。

二，自我保護型獨立傾向

他們將「個人空間」視為安全堡壘，任何關係靠近都會被視為潛在的威脅。他們不喜歡被需要，不願承擔伴侶的情緒需求，因為那會打破他們內在的秩序。

三，過往忽略經驗或成長環境壓抑

若過去在家庭中缺乏安全表達的機會，或曾經因情緒展現而遭否定，他們會發展出「情感不表達＝不會受傷」的潛意識邏輯。

◇ 第六章　在他的沉默裡，妳不見了自己

妳以為他在等情緒準備好，但他其實從未打算真實參與關係

這樣的男人常讓妳以為他只是慢、只是被動、只是社交弱，實則他在情感上設有防火牆，妳碰觸不到也進不去。

他說：「我不喜歡太多人」——實際意思可能是「我不想處理人與人之間的關係要求」

他說：「我只想過簡單生活」——實際意思可能是「我不想要承擔關係的變數與責任」

妳以為他很純粹，其實他只是活在自己定義的安全框架裡，不容妳改變或進入。

如何辨識「宅」是性格，還是防衛機制？

面向	健康內向／安靜型性格	情緒退縮防衛型
是否能參與社交	雖不主動，但可配合且樂於適應	持續拒絕，並情緒焦慮
情緒表達	雖不多，但能開口說出感受	長期壓抑與沉默處理
關係投入程度	願意與妳共建日常節奏與未來	只願在自己控制下進行互動
生活透明度	願意妳參與、介紹給身邊朋友	隱蔽、不公開、不承認

他不是太安靜，而是太怕真正親密

妳可以陪他慢慢走出來，但不能自己待在他的封閉空間裡長期壓抑。若他總說「我不是不愛妳，只是不擅表達」，妳要問：「那我是否永遠不能知道你愛我？」

第四節　宅＝不擅社交？還是情緒退縮的防衛機制？

真正的關係，是互相走進彼此的生活，而不是妳搬進他的小宇宙，然後學著關掉自己的聲音、燈光與邊界。

宅型退縮伴侶的防衛心理與互動警訊觀察表

自我提問項目	可能防衛傾向	風險提醒
他是否經常以「我不喜歡吵」或「人多很累」為由，拒絕與我外出或社交？	社交退縮與情緒場面逃避	妳將逐漸喪失關係中的生活交集與參與感
當我邀請他參與家庭、朋友活動時，他是否反應焦慮、拖延或直接拒絕？	互動壓力導致情感焦慮	他的抗拒可能轉化為妳的社交孤立與自我壓抑
他是否對我們的關係未來毫無規劃，並強調「我只想簡單生活」？	責任逃避與未來規劃閃避	缺乏共同建構未來的意願，妳可能長期原地踏步
我是否幾乎無法參與他的朋友圈、生活圈或家庭互動？	生活封閉、關係透明度低	妳被排除於他的世界之外，難以獲得關係安全感
他是否對我表達情緒需求感到抗拒，甚至用沉默處理我的感受？	情緒防禦與情感承接困難	長期無法被理解與接住，妳會產生情感耗損與孤獨

◇ 第六章　在他的沉默裡，妳不見了自己

第五節
和他交往，妳是否變得更孤立、更妥協？

情感映像：她還是她，但她不再像自己了

　　沈語恩三十五歲，是一位創意行銷顧問，原本社交圈廣、人際關係活絡。她與楊文凱交往近兩年，對方三十七歲，是資訊工程師，個性內斂安靜，幾乎不與外人互動。

　　交往初期，語恩認為兩人互補──她活潑，他穩定。文凱總說：「我喜歡妳的熱情，因為我做不到。」但隨著關係發展，語恩漸漸發現她不再參加朋友聚餐，不再主動發表意見，甚至在工作中也開始退讓，害怕文凱覺得她「太張揚」。

　　她說：「他從沒要求我改變，但我為了不讓他不舒服，慢慢變成了另一個我。」

愛的過程中，妳是否變得更「小聲」？

　　自我壓抑的五個行為徵兆：

■　妳不再說出自己的需求，只因怕破壞對方的平靜

第五節　和他交往，妳是否變得更孤立、更妥協？

- 妳減少與朋友聯絡，因為他總說「人太多我不習慣」
- 妳開始懷疑自己的想法是不是太多、太強勢
- 妳明明有困擾，卻選擇忍耐，怕他說「妳太敏感」
- 妳發現自己的社交圈越來越窄，人生目標越來越模糊

這些變化不是突然，而是日積月累。妳不再是妳原本的樣子，只為了「讓關係穩定」。

為何會進入妥協型關係角色？

一、習慣性調和型人格（People-pleasing）

妳可能從小學會照顧別人、避開衝突、為維繫關係而犧牲自我。當面對一位不表達需求卻有強烈習慣與節奏的伴侶時，妳會傾向「主動對齊」，而不是「彼此協調」。

二、社交強者與情緒迴避者的互補陷阱

他安靜、孤獨、不參與；妳熱情、外向、願意開啟對話。妳以為自己是關係的橋梁，卻逐漸成了他情緒安全區的管理員，不敢提出自己的不安，怕一說話關係就崩。

三、關係中的「氣氛控制者」角色自動化

每當他不開心，妳就反思：「是不是我講話太直？」
每當他不回應，妳就懷疑：「是不是我要求太多？」
於是，妳一次次選擇退讓，但他從未學會前進。

◇ 第六章　在他的沉默裡，妳不見了自己

　　他或許從未強迫妳做什麼，但他也從未主動理解妳的世界。當妳開始讓自己的社交、夢想與聲音讓位給他的節奏，那就不是愛，是關係中的自我失落。

　　愛不是縮小自我來適應對方，而是讓彼此有空間擴張各自的世界。

自我檢視：妳是否為了穩定而犧牲真實？

- 妳多久沒主動約朋友見面了？
- 妳有多久沒談過自己的夢想？
- 妳是否會說：「我這樣做，是為了讓他輕鬆」？
- 妳是否在關係中覺得累，但又說服自己「這樣比較沒有爭吵」？
- 妳是否開始在關係之外，感覺越來越空虛與脫節？

　　如果以上問題妳心有戚戚焉，那麼妳正在關係裡「失聲」與「失聯」。

　　當愛讓妳失去世界與自我，那就不是愛的結果，而是妳為了愛所吞下的代價。

　　妳該愛一個讓妳更擴張的人，而不是讓妳漸漸變得像他、像小、像安靜。妳不是來當他的避風港，而是與他一起出海。

戀愛中自我孤立與妥協傾向檢視表

自我提問項目	妥協與孤立傾向表現	風險提醒
我是否漸漸減少與朋友聯絡，只因他不喜歡社交？	社交圈萎縮與自我撤退	妳可能逐漸失去支持系統與社交能量

第五節　和他交往，妳是否變得更孤立、更妥協？ ◇

自我提問項目	妥協與孤立傾向表現	風險提醒
我是否避免在他面前表達不滿，怕他覺得我太情緒化？	情緒自我壓抑與表達困難	情緒壓力將在日後以身體或關係形式爆發
我是否放棄原本的興趣、活動，只為配合他的生活方式？	生活方式自我調整與配合	長期自我讓步會造成價值觀與生活脫節
我是否總是在考慮他的感受，卻忽略了自己的需求？	關係責任傾斜與自我忽略	妳在關係中無法獲得對等關注與照顧
我是否在這段關係中變得愈來愈小聲、愈來愈沉默？	存在感下降與自我隱形	妳的自我定位將模糊，最終失去個人聲音

◇ 第六章　在他的沉默裡，妳不見了自己

第六節　他不壞，但妳卻越來越沒自我

情感映像：她說他是好人，可是她為什麼那麼累？

　　吳芷綺三十四歲，是一位廣告文案主管，個性理性獨立。她與邱柏宇交往兩年，柏宇三十六歲，是電子工程師，溫和體貼、不菸不酒、不社交、不暴怒，標準好男人。

　　芷綺的朋友常說：「這樣的男人去哪找？」她也覺得自己應該感到幸福──柏宇不會對她大小聲、不會亂花錢、也不會干涉她工作。

　　但這段關係裡，芷綺卻愈來愈不開心。她不敢做自己喜歡的事，因為怕他不喜歡；她不再追求升遷，因為他說：「我們生活簡單就好。」她甚至連旅遊規劃都不提，因為他總說：「我比較喜歡待在家裡。」

　　她說：「他沒有做錯任何事，但我在他身邊，好像也不能做我真正想做的事了。」

他不主動限制妳，但妳卻慢慢自我限縮

　　他說：

- 「我沒意見，妳決定就好。」──但每次妳提計畫他都不參與，讓妳慢慢不提

第六節　他不壞，但妳卻越來越沒自我 ◇

- 「我沒有反對。」—— 但他也從不支持，讓妳感覺孤單又懷疑
- 「這樣就很好了，幹嘛要改變？」—— 每一句看似溫柔的被動，都讓妳對未來少了想像

妳說：

- 「我怕他不喜歡，所以不講。」
- 「我想說等他準備好，再討論。」
- 「反正講了他也沒反應，就算了。」
- 「他對我很好，我不該太貪心。」

但這些話的背後，是妳逐漸壓縮自己，為了一段表面平穩的關係，犧牲了個人成長與感受表達的自由。

愛不是安靜就代表健康，也不是沒吵架就代表對等

在健康關係中，妳應該可以：

- 說出自己的期待，而不是只當氣氛維護者
- 行動自由，而不是總看對方臉色去調整行程
- 表達願望，而不是永遠說「我沒差」
- 被支持成長，而不是只被要求穩定與平淡

若妳發現，自己越來越不敢談夢想、不再參與社交、害怕表達情緒，那就表示這段關係已經讓妳退化為「服從型伴侶」，而非「互動型關係建構者」。

◇ 第六章　在他的沉默裡，妳不見了自己

小心這些「看起來沒問題」的潛在警訊

他不做的事	表面看起來	實際影響
他不阻止妳	尊重妳自由	妳以為不需回饋，實則他不願參與妳的人生
他不發脾氣	脾氣好	妳學會不吵，但也失去討論空間
他不提未來	隨和	妳無法共同規劃，失去前進方向
他不質疑妳	支持妳	妳的決策始終孤單，難以確認價值感

他若真的不壞，
那他應該也會在意妳為什麼變得這麼安靜

　　一段關係不該只看「他對妳好不好」，而是看「妳在這段關係裡，還是不是妳自己」。

　　他不需要改變妳、否定妳或責備妳，就能讓妳變得愈來愈小。那不是因為他邪惡，而是因為他習慣讓妳配合他安靜的舒適圈。

　　他不壞，但妳如果變得沒有了自我，那這段關係對妳就不好。

關係中自我收縮與存在感消失觀察表

自我提問項目	自我收縮指標	風險提醒
我是否常常為了維持和諧而不敢表達自己的真實想法？	表達權縮小與言語自我審查	長期壓抑會削弱自尊與心理健康
我是否逐漸不再做自己喜歡的事情，只因他無反應或不參與？	生活興趣讓步與自我淡化	妳可能逐步失去自我認同與人生目標感
我是否習慣壓抑情緒，避免帶給他不適或壓力？	情緒壓抑與感受忽視	情緒內耗會累積為潛在憂鬱或倦怠

第六節　他不壞，但妳卻越來越沒自我　◇

自我提問項目	自我收縮指標	風險提醒
我是否越來越少和朋友、同事分享自己的感情狀態？	社交退縮與孤立化傾向	缺乏支持系統將使妳處於情緒孤島
我是否在這段關係中不再主動提出要求與願望？	需求退位與願望封閉	妳將在關係中被動定位，無法平等對話與成長

◇ 第六章　在他的沉默裡，妳不見了自己

第七節
檢視戀情：妳是否正在縮小自己來配合他？

情感映像：她還是笑著，但眼神越來越安靜

　　陳妤甄三十一歲，是一位新創行銷顧問，過去總被朋友形容為有主見、有想法、有計畫。但自從與丁柏承交往後，她發現自己變得愈來愈「柔軟」，甚至「退縮」。

　　柏承是一名工程師，內向、單純、不愛衝突。他從不要求妤甄改變，卻總在她說出某些意見時安靜下來、皺眉或以一句「這樣有點累」結束對話。

　　一開始，她覺得他是需要被保護的人；後來，她發現自己在關係裡越來越不敢提出想法，甚至連穿著、說話語調都在「潛意識中自我收斂」。她說：「我愛他，但我也慢慢消失了。」

妳真的還是妳嗎？還是已經在這段愛裡慢慢變小？

　　請檢視下列情況是否出現：

■　妳是否不再提到妳真正的夢想，只因他會冷靜回應「太累」、「不實際」？

第七節　檢視戀情：妳是否正在縮小自己來配合他？　◇

- 妳是否越來越少主動邀約聚會、旅行或安排新計畫，只因他總說「我不喜歡」？
- 妳是否改變穿著、談吐、嗜好，讓自己看起來更「不吵不鬧」？
- 妳是否在講話前都要經過內心模擬，以確保不會打擾到他？
- 妳是否曾因他對妳的冷淡或無回應而產生「是不是我太多了」的內疚感？

若妳中了三項以上，這段戀情已進入「妳在配合他，而不是他與妳共構關係」的失衡階段。

為什麼女人會在安靜的關係中變得愈來愈小？

一，內化了「和諧大於自我」的情感邏輯

我們從小學會「女生要體貼」、「不要太情緒化」、「不要太強勢」，導致在戀愛中，遇到不愛說話、不主動回應的男人時，容易認為「妳要學會適應」。

二，將他的退縮誤解為需要被保護

妳以為他害羞，其實他只是拒絕參與；妳以為他不擅表達，其實他是逃避連結。這種錯誤解讀會讓妳持續投資於「讓他成長」的幻想中，而非看清真相。

◇第六章　在他的沉默裡，妳不見了自己

三，混淆「穩定」與「情感冷淡」的邊界

他不吵架、不爭執、不拉扯，讓妳誤以為關係很穩定。但實際上，是他將妳安置在一個「不動的角落」，讓妳為了不破壞平衡而壓抑真我。

> 妳值得一段讓妳放大自我的愛，
> 而不是一段讓妳練習變安靜的關係

關係不是讓妳慢慢「調低音量」才能被接納；真正的伴侶應該是那個讓妳越來越能「說真話」、活出輪廓、探索可能的人。

若一段戀愛的進行過程中，妳變得更壓抑、更單一、更退讓，那這段關係不是錯在誰，而是錯在妳選擇了縮小自己來容納對方的框架。

如果妳為了他收起夢想、改變樣貌、壓低情緒，只為了成為「他不會拒絕的版本」，那麼他愛的不是妳，而是妳變得「剛剛好不干擾他」的那個人。

愛不是要妳小心翼翼，而是能讓妳全然綻放。如果一段關係讓妳越來越安靜、越來越孤單、越來越「剛剛好」，那妳要做的不是再調整自己，而是調整這段關係的價值判斷。

戀情中自我縮小行為辨識總檢表

自我提問項目	自我縮小行為傾向	風險提醒
我是否經常不說出自己的夢想，只因他總表現冷淡或否定？	目標表達退縮	夢想壓抑將影響自我實現與內在滿足

第七節　檢視戀情：妳是否正在縮小自己來配合他？　◇

自我提問項目	自我縮小行為傾向	風險提醒
我是否避免規劃旅行、聚會等活動，只因他總說不想去？	生活主導性降低	失去主動規劃能力將讓關係缺乏前進動能
我是否改變穿著、談吐或生活節奏，只為了不打擾他？	個性邊界自我調整	過度調整將逐步失去真實自我
我是否在發言前會先模擬他的反應，以降低衝突可能？	語言與情緒表達自我審查	長期審查會造成溝通障礙與情緒阻塞
我是否開始質疑自己是不是「太多」、「太情緒化」？	內在價值感弱化	內化自我否定將引發焦慮與低自尊狀態

◇第六章　在他的沉默裡，妳不見了自己

第七章

他裝得深情，是為了更好控制妳

◇ 第七章　他裝得深情，是為了更好控制妳

第一節　為什麼有些男人看似完美卻讓妳遍體鱗傷？

情感映像：
他溫柔細膩、全方位理解，卻在最後讓她身心俱疲

彭妤蓁三十三歲，是一位品牌行銷顧問，過去戀情多是她主動、對方逃避。某次在一場創業活動中，她認識了丁宇澤，對方風趣、自信、專注聆聽，總能接住她的話、關心她的細節、主動提供幫助。

宇澤讓她第一次覺得：「原來真的有人可以懂我，還願意為我做事。」他不只陪她談夢想，還幫她處理公司財務、提出事業建議，甚至主動說：「如果妳缺資金，我可以投資。」他從不催促進展，卻總在對的時刻出現，讓她相信自己遇到的是一位「比妳更替妳著想」的好男人。

然而一年後，妤蓁不只在財務上虧損，也在人格上受傷。宇澤不再聯絡，當她質問為何突然抽身，他說：「我從沒答應過什麼，是妳自己願意給的。」

她說：「我真的不知道，到底是哪一步出了錯，明明他那麼完美。」

第一節　為什麼有些男人看似完美卻讓妳遍體鱗傷？◇

> 他們不是愛妳，而是精準知道妳需要什麼，
> 然後以此換得更多

這些男人往往展現出以下特徵：

他總是恰到好處地出現，填補妳內心的空白

他會聽懂妳的孤單、看見妳的焦慮、回應妳的期待，讓妳以為自己遇見命定之人。其實，他只是擅長快速掃描妳的心理缺口，再「提供解藥」。

他不是主動索取，而是讓妳自願奉獻

包括金錢、資源、身體、情緒、社交網絡，他總讓妳覺得「這是我主動的」，但回頭看，妳已經被安排在一套情緒收割流程裡。

他從不承諾，卻讓妳投入全部

他會說：「我沒有要妳怎樣」、「我們只是信任彼此」、「別把這段關係定義得那麼快」，讓妳不敢要求，也不敢離開。

他從不吵架，但總讓妳懷疑自己是不是太敏感

他用的是「情緒折價」策略——當妳覺得不對勁、想提出不滿，他會說：「我不喜歡吵架」，或以冷處理、淡出方式讓妳覺得問題在妳。

> 不是搶奪，而是設計妳主動交出一切

在情場中，有一類「高階情感操控者」懂得利用戀愛語言與信任結構進行價值交換。他們不會直接說「我要妳的錢」或「我要妳的身體」，而

197

◇ 第七章　他裝得深情，是爲了更好控制妳

是讓妳在一場自以為被愛的幻覺中，主動獻出自己所有的資源與邊界。

　　這種關係的五個進展階段：

- 打造理想形象：高共鳴、溫柔、細心，塑造「懂妳的男人」
- 快速進入關係核心：主動協助妳的事業、人際、財務問題
- 強化情感依附：用感性語言與細膩行動建立依賴感
- 轉為利益交換：開始暗示投資、借貸、親密行為是「信任的證明」
- 退場或冷落：一旦資源榨取完成，即斷聯、消失或切割責任

　　這不是誇張劇情，而是許多女性在愛裡「看不見的被利用」。

妳不是太傻，而是妳的善良與信任被系統性設計與利用

　　操控型伴侶不會直接傷害妳，他們讓妳在過程中感覺「自己很特別」，直到妳變得空虛、負債、受傷、無自尊時才醒悟。這種感情的後座力遠比激情關係還要深，因為它攻擊的，是妳對「自己判斷力」的信任。

　　妳不會說他不好，只會說：「我是不是愛錯了？」

　　當一個人「剛剛好」滿足妳所有情感缺口、總能說出妳想聽的話、總在妳最需要時出現，也從不要求、從不衝突，請不要只說「他太棒了」，妳也該問：「他怎麼這麼會？」

　　愛是一場情感選擇，但若妳感受到的是「被設計的選擇感」，那麼妳要做的不是懷疑自己是否值得，而是重建妳判斷與防衛的心理邊界。

第一節　為什麼有些男人看似完美卻讓妳遍體鱗傷？　◇

情感詐欺的五大觀察指標

觀察項目	操控進程階段	風險提醒
他是否總是完美呈現你理想中的樣子（體貼、懂你、願意付出）？	打造完美人設	妳可能在對方預設腳本中，失去自我判斷
他是否在短時間內迅速融入你的生活與信任圈？	快速取得情感與實質資源通道	對方進入妳世界的速度快異常，請留意節奏主控權
他是否讓你在不知不覺中主動給予金錢、資源或情感投入？	誘導式價值榨取	關係看似自然進展，實則妳正在被精準引導
他是否從不承諾明確未來，但讓你覺得你們已是「命中注定」？	情感模糊化與承諾閃避	模糊關係定義讓妳難以要求與退出
當你質疑或表達不安時，他是否以沉默、冷處理讓你懷疑自己？	情緒操控與責任轉嫁	妳最終會以為錯在自己，而對方毫無責任感

199

◇ 第七章　他裝得深情，是為了更好控制妳

第二節　操控型人格的戀愛語言：給糖→抽走→再餵

> 情感映像：
> 她以為這是愛的深度，後來才發現這是控制的手段

　　鄭蓓蓉三十歲，是一位內容企劃經理，理性分析與感性體察並重。她與鍾仕霖交往十個月，起初的三個月，仕霖是夢想中的情人──每天早安晚安、送早餐、寫卡片、關心她工作的每一個進展。

　　他說：「我不是那種嘴上說愛，但我會用行動讓妳知道我在乎。」蓓蓉感動不已，第一次覺得自己被全心全意地愛著。

　　但進入第四個月後，仕霖開始回覆冷淡、行蹤不明，有時整天不聯絡，卻在蓓蓉情緒快崩潰時，突然出現說：「我真的太累，但想到妳就覺得我還撐得下去。」

　　她說：「每當我快離開，他就給我一點溫柔，讓我覺得也許是我太敏感。」

　　直到蓓蓉發現，他不只一次對其他女生也說出類似的話，而她的感情與信任，早已被他包裝在一句又一句「為妳好」的語言陷阱裡。

給糖→抽走→再餵：情感操控的三步語言模型

一，給糖：快速建立親密與情緒依附

操控者最擅長說：

- 「我從沒遇過像妳這麼懂我的人。」
- 「妳讓我想重新相信感情。」
- 「我們之間的感覺是命運的安排。」

他會讓妳以為妳是特別的、唯一的、不可取代的，透過高度情緒投入與言語親密感，建立妳的心理期待。

二，抽走：突然冷淡、消失、失聯或拒絕互動

這個階段，他會：

- 不回訊息、不接電話，理由通常是「太忙」、「太累」或「需要空間」
- 開始否定妳的感受，例如：「妳太情緒化」、「我沒想這麼多」
- 在妳主動提出需求時，回應：「妳這樣讓我壓力很大」

妳會開始自我懷疑：「是不是我太依賴？」、「是不是我要求太多？」

三，再餵：適時回來、道歉、示好或溫柔補償

當他感覺妳快要離開，他會再次給出：

- 「我想妳了，對不起最近讓妳擔心」
- 「我知道我太冷了，但我真的很在意妳」
- 「妳是我唯一可以放心的人」

◇ 第七章　他裝得深情，是爲了更好控制妳

這一點點的情感回應，足以讓妳忘記之前的缺席，甚至更緊緊抓住他不放。

騙財騙色的語言技術，也建立在這三部曲之上

很多高階操控者不是靠強迫，而是靠讓妳「相信這一切是出於愛」。例如：

- 「我不想用妳的錢，但這次真的需要妳幫忙，我會記得的」
- 「我從沒對誰這麼真誠過，妳是第一個」
- 「妳願意為我這樣做，代表妳是真的愛我」

從情感話術出發，進入物質與身體的交換機制，讓妳在自願的外表下，其實不斷在被「餵情緒→抽資源」。

他會說：「我沒要求妳這麼做」，但妳做的每件事，都是在他的語言引導下完成的。

他不是不愛妳，而是愛的不是妳這個人，而是妳對他的情緒回應能力、付出能力與依賴狀態。

真正的愛，是一致、清晰、可預測；不是時冷時熱、讓妳上癮。

妳不該在愛裡感覺像在戒斷期，不該總是在等他回傳的訊息裡反覆刷新，不該因為他一句「妳是唯一」就無條件交出全部。

愛是一種相對穩定的交換，不是操控的餵養實驗。如果他總是給妳

第二節　操控型人格的戀愛語言：給糖→抽走→再餵

甜，再抽掉，再丟回一點溫柔，妳要做的不是更靠近，而是轉身抽離這場心理訓練。

操控型戀愛語言循環辨識與防禦表

語言行為特徵	操控語言階段	防禦建議
他是否在關係初期極度熱情、快速表白與讚美？	給糖階段（建立依附）	保持觀察期，不因語言熱度過早投入信任
他是否在你投入後突然冷淡，並以工作、壓力為理由淡出？	抽走階段（情緒撤離）	辨識冷淡非單一事件，關注是否為模式
當你質疑或不安時，他是否回應你「太情緒化」或「想太多」？	否定階段（責任轉嫁）	建立情緒界線，明確表達自身感受與底線
他是否總在你快抽離時釋放溫柔話語或承諾，讓你重新投入？	餵養階段（短暫回應）	對反覆「補償式溫柔」保持警覺，不輕易原諒
他是否在你付出金錢、情緒、身體後，再次情緒抽離？	再抽離（重複循環）	停止情緒連結後立即付出，建立自我情緒支持系統

◇ 第七章 他裝得深情，是爲了更好控制妳

第三節
情感操縱的遊戲：讓妳以為自己不夠好

情感映像：他從不罵她，卻讓她每天懷疑自己

　　賴欣彤二十八歲，是一位插畫設計師，個性溫柔細膩，對情感極度投入。她與段柏祺交往一年半，柏祺表面穩重、成熟、風度翩翩。從不高聲說話，也不曾直接批評她，但在每次溝通後，欣彤總是淚流滿面。

　　柏祺不會罵人，他只會說：「我知道妳已經盡力了。」或是「沒關係，我沒有期待什麼，只是剛好別人可能會做得更周全一點。」

　　當她質疑他的冷淡時，他回答：「妳真的太在意這些小事了。妳知道我不是那種會怪妳的人。」

　　欣彤說：「我從來沒覺得自己做錯什麼，但我就是不斷覺得自己不夠好、不夠體貼、不夠成熟。」

操控型伴侶的「自我削弱技術」

一，語言模糊包裝下的貶低

- 「我不是說妳不好，只是有些事情我更習慣別人處理方式。」
- 「我只是覺得妳可能還沒準備好去承擔這件事。」
- 「妳這樣也沒錯，只是有時候真的不太成熟。」

這些話聽來沒有指責，甚至還有「理解」的語氣，實際上是一種將妳逐步引導進「內疚與自責」的話術結構。

二，情緒淡化與感受反轉

- 當妳表達憤怒：「我只是不想爭吵」
- 當妳表達傷心：「妳怎麼總是這麼玻璃心？」
- 當妳想談問題：「這件事真的沒那麼嚴重，妳太敏感了」

這類人不需要駁倒妳，只要讓妳覺得「妳太情緒化」，妳就會自動關掉表達的開關。

三，精緻化的比較策略

- 「妳真的很努力，但我有時會懷念前任處理事務的冷靜。」
- 「我不會要妳改變什麼，只是別人通常不會反應這麼大。」
- 「妳這樣也很好啦，雖然跟我之前遇到的成熟女生不太一樣。」

這不是誇獎，這是把妳推入一場「無形競爭」的失敗局。

◇ 第七章　他裝得深情，是為了更好控制妳

> 情感操控的核心：
> 讓妳把他當作鏡子，自己看自己時開始貶值

　　他從不直接貶低妳，卻讓妳對自己的判斷失去信心；他從不說妳不好，卻讓妳在每一次互動後都更懷疑自己是不是不夠。

　　最終，妳將變成：

- 需要他肯定才能相信自己的決定
- 不敢表達情緒，怕自己顯得不理性
- 在每一次爭執中都主動道歉，儘管錯不在妳
- 在他的沉默或冷淡中，啟動自我檢討模式

> 從「自我懷疑」走向「依附妥協」

　　當妳覺得自己不夠好時，妳會更願意付出、更害怕失去、更不敢設界線。這是高階騙財騙色關係的「軟控制策略」核心：讓妳在沒有強迫的情況下，自動奉上情緒、資源與身體，因為妳不相信自己值得被完整愛。

　　這不是他說了什麼，而是他讓妳在「沒說出什麼」的狀態下，自我削價。

　　一段關係最傷人的，不是他怎麼對妳，而是他怎麼讓妳看自己。

　　如果妳開始覺得自己太多、太吵、太玻璃心、太脆弱，那妳不是愛

錯人,而是被洗刷了價值感。

真正的愛會讓妳覺得更完整,而不是更懷疑自己。

自我價值削弱式情感操控語言辨識表

語言表現特徵	操控話術邏輯	風險提醒
他是否以「妳很好啦,但……」開場,接著說妳的不足?	隱性否定與價值削弱	妳將逐步內化「我本來就不夠好」的思維
當妳表達情緒時,他是否說「妳太敏感」或「小題大作」?	情緒合理化與壓抑	妳將抑制情緒,形成沉默與關係退縮
他是否用模糊比較暗示妳不如某些人(如前任、朋友)?	比較引導與價值錯置	妳在潛意識中與不存在的他人競爭
他是否總說自己沒有期待,卻讓妳時常覺得不夠好?	期待隱匿與責任轉嫁	妳會陷入無法滿足的情感試煉模式
他是否讓妳習慣為關係問題道歉,即使問題並非妳造成?	內疚導向與自我貶值	妳的自我認同將長期依賴對方反應

◇ 第七章　他裝得深情，是爲了更好控制妳

第四節
他不是對妳深情，是對掌控成癮

> 情感映像：
> 她以為他愛得深，後來才明白他只想控制得深

　　蔡詠茹三十一歲，是一位高職教師，理性溫和。她與何沛廷交往九個月，對方是一位建築設計師，溫柔、浪漫、重感情。交往初期，沛廷每天都說「我想妳」，連她加班他都會送便當、接她下班。他會說：「我不想妳辛苦」，「我只想陪妳每一天」，「這世界上我只需要妳就夠了。」

　　詠茹一開始覺得幸福，但很快就發現事情不對勁。他會因她晚回訊息而不說話整天，也會在她與朋友聚餐時連續打電話確認位置，甚至當她穿了不同風格的衣服，他會說：「我比較喜歡妳之前那樣的樣子。」

　　他沒有罵她、限制她、命令她，但她愈來愈像活在一個只有「為了不要讓他不開心」的框架裡。

　　她說：「他好像不是愛我這個人，而是控制我這段感情裡的一切細節。」

第四節　他不是對妳深情，是對掌控成癮 ◇

深情操控型伴侶的六大特徵

一，掌控妳的時間與空間安排

他說：「我只是想多陪妳」，實際上是讓妳逐步調整生活步調，直到所有空閒時間都要先過他的同意。

二，掌控妳的語言與語氣

他會說：「妳剛剛那樣講話有點傷人」，即使妳只是表達觀點。他透過情緒回饋讓妳逐步「馴化」，改變自己說話方式。

三，掌控妳的衣著與風格

他可能說：「妳穿這樣很好看，只是……不會太高調了嗎？」讓妳為了避免他的失落或評價，開始改變穿著、妝容，配合他的審美。

四，掌控妳的交友與社交行為

他會說：「我不是不信任妳的朋友，只是我比較不舒服那樣的場合。」妳開始減少聚會，或乾脆報喜不報憂地隱藏動向。

五，掌控妳的情緒與表達

當妳生氣，他會說：「我不是敵人，為什麼要這樣講話？」

當妳悲傷，他會說：「我也有壓力，不是只有妳有情緒。」

妳的每一次情緒都需要經過他的解釋或審核。

◇第七章　他裝得深情，是爲了更好控制妳

六，掌控妳對自己的認知

他總說：「我比妳更了解妳自己。」

久而久之，妳開始懷疑自己是否真的想做某件事，還是只是「他說我該這麼想」。

「掌控成癮者」的核心心理機制：不信任＋自我膨脹

這類人表面深情，實則在重複以下邏輯：

- 他不相信愛能自動留住對方→所以必須建立控制機制
- 他無法容忍失控→所以將每段互動包裝成「為妳好」
- 他需要透過干預妳的決定來證明自己在這段關係中的影響力

這不是愛的深度，而是失控焦慮下的操控反射。

這些人會說：「我這輩子只對妳這樣」，「妳是我唯一放心的人」，然後進入妳的帳戶、借用妳的信用、安排妳的身體節奏與生活選擇。

他會讓妳感動，但妳會發現每個決定背後都不是妳的意願，而是妳的妥協。

他愛的不是妳，而是能掌控妳的自己

深情是一種包容與尊重，而不是一種「以照顧為名」的干預。真正的愛不會讓妳變得更小聲、更不自由、更需要事前審查。

第四節　他不是對妳深情，是對掌控成癮

如果妳在關係中越來越像是「為了不要讓他不舒服」而活，那麼他愛的不是妳，而是那個剛好能被他掌控的版本的妳。

深情掌控型伴侶行為辨識表

行為觀察項目	控制樣態分類	風險提醒
他是否以「想陪妳」為理由，讓妳減少自己的生活安排？	時間與生活節奏控制	妳將失去生活主導權，逐步被納入對方節奏
他是否經常評論妳的穿著、談吐，並暗示哪些更適合他期待？	審美與自我風格干預	妳會因習慣被評價而改變原本自我風格
他是否以「不舒服」為由，讓妳減少與朋友或同事見面？	社交活動限制與孤立化	妳可能與原本的社交網絡疏離，導致孤立與壓力累積
當妳表達情緒時，他是否強調自己比妳更理性、更有壓力？	情緒主導與情感權威化	妳的情緒將被邊緣化，進而喪失溝通與自信
他是否說出「我比妳更了解妳自己」這類話來影響妳的決策？	自我認知重構與依賴建立	妳可能逐步失去選擇力與獨立判斷能力

◇ 第七章　他裝得深情，是為了更好控制妳

第五節　愛情裡的 PUA 心理學剖析（Pick-Up Artist 現象）

> 情感映像：他讓她相信自己是「唯一」，
> 最後卻變成一個「例行動作」

　　張舒涵二十九歲，是一位音樂教師，個性溫和，對愛情有浪漫期待。她在社交平臺認識了林秉翔，一位外型亮眼、談吐幽默的創業者。他會說：「我已經很久沒有對一個人這麼有感覺了。」也會說：「我不想再玩了，妳是我想認真的人。」

　　秉翔對她展開猛烈追求──三日內告白、一週內提出未來藍圖，對她無微不至，每次出門都送小禮物、分享生活點滴、給予大量情緒肯定。

　　但交往滿一個月後，他開始冷淡，訊息回覆延遲、不再主動聯絡。當舒涵詢問發生什麼事時，他說：「妳怎麼變得這麼沒安全感？我不是說了我喜歡妳嗎？」

　　她說：「他沒罵我，也沒劈腿，可是我卻感覺自己像被吊著的魚，每天都在等他下一次撥出情緒餵養的瞬間。」

第五節　愛情裡的 PUA 心理學剖析（Pick-Up Artist 現象）

PUA 不是搭訕，而是操控機制

PUA，全稱 Pick-Up Artist，直譯為「把妹藝術家」，原指以技巧吸引異性的男性，但在現代情感關係裡，它更多指涉一種以心理操控為基礎、以短期利益（性、金錢、自我價值）為導向的情場掠奪行為。

真正的 PUA 不是嬉鬧玩笑，而是極具系統的操控工程。他們懂心理學、情緒節奏與語言設計，能將關係建構成一場讓妳「自願投入、逐漸失控、難以脫身」的心理劇場。

PUA 操控的五大心理技術

一，快速建立情感信任（love bombing）

- 大量讚美、主動關懷、即時回應
- 提出高度個人資訊讓妳卸下心防
- 描述自己「對妳與其他人不一樣」的特殊感覺

目的是讓妳快速產生依附感，降低邊界與判斷能力。

二，交叉製造情緒起伏（emotional roller coaster）

- 一日內從熱情如火到冷淡無聲
- 前一秒說「我好想妳」，下一秒說「我需要空間」
- 利用情緒波動讓妳時刻關注他的動態

目的是讓妳形成心理上癮，對他反應成為妳的情緒中心。

◇ 第七章　他裝得深情，是為了更好控制妳

三、價值貶低與比較語言（devaluation）

- 「妳很好，但還不夠成熟」
- 「妳跟我以前遇過的那個女孩有點不一樣（暗示更差）」
- 「這種事情我原本以為妳會處理得更好」

目的是讓妳懷疑自己價值，進而努力改變以討好他。

四、模糊關係界線（relationship ambiguity）

- 不給明確承諾，但給足幻想空間
- 不公開關係，但私下表現親密
- 用「我們順其自然」、「不要被標籤綁住」來規避責任

目的是讓妳陷入情感投資困局，無法要求、無法離開。

五、轉移責任與情緒反轉（gaslighting）

- 妳質問他忽冷忽熱，他說：「妳太多了」
- 妳覺得被操控，他說：「我只是想對妳好」
- 妳要討論關係，他說：「我這麼累，妳只想吵」

目的是讓妳從受害者變成加害者，自我內耗。

騙財騙色關係中的 PUA 戰術應用

在 PUA 架構下，騙財與騙色不再是明目張膽，而是包裝在「信任與深情」的行為中：

第五節　愛情裡的 PUA 心理學剖析（Pick-Up Artist 現象）

- 「我不想要妳出錢，但現在真的只能靠妳一次」
- 「我不勉強妳，但我跟妳這麼親密，妳還會懷疑我嗎？」
- 「我原本不想這麼快發生關係，但我太在乎妳了」

這些語言會讓妳產生「他其實是退讓的，是因為愛我才這樣」的錯覺，進一步交出財務、身體與情緒權力。

防禦 PUA：妳不是要更懂對方，而是更懂自己

妳該問的五個問題：

- 他說愛妳的速度是否快得不自然？
- 他是否讓妳情緒經常處於起伏不定的模式？
- 他是否常讓妳感覺「我還不夠好」？
- 妳是否不能定義妳們的關係，卻一直在維護它？
- 他是否說妳太多情緒，卻從不承擔任何衝突？

如果妳的答案多數為「是」，那妳不是不夠愛他，而是妳正處於一場被設計的互動劇本中。

愛是選擇，不是操控結果

PUA 讓妳以為自己遇見真愛，但其實妳只是進入一套劇本，扮演一個「付出、懷疑、等待」的角色。他從沒給承諾，但妳已經先給出全部。

◇第七章　他裝得深情，是為了更好控制妳

真正的關係，是在尊重中慢慢展開，而不是在激情中迅速上鉤。

如果妳在愛裡總是覺得不穩、不安、不被肯定，那妳要懷疑的不是自己，而是他是不是正在操控妳的愛。

PUA 操控階段與語言特徵辨識表

操控階段	典型語言特徵	心理操控目標
快速建立情感信任（love bombing）	「妳是我這輩子遇過最特別的人」	快速取得信任與情感進場權
情緒起伏製造依賴（emotional roller coaster）	「我很愛妳，但我最近真的壓力大」	製造上癮式依賴與情緒綁架
價值貶低與心理比較（devaluation）	「妳很好，但還不夠成熟／理性」	削弱對方自信心，強化自我地位
關係模糊化與承諾閃避（ambiguity）	「我不想給我們貼標籤，順其自然比較好」	模糊責任與選擇權，降低退出機會
責任轉嫁與情緒反轉（gaslighting）	「我沒有改變，是妳太情緒化了」	轉移問題來源，讓對方懷疑自我

第六節
妳是戀人？還是心理奴役的角色？

> 情感映像：
> 她從來沒有被罵，卻從來不敢說出真實感受

　　林宜珊三十歲，是一位專欄寫手，個性溫和、擅於體貼他人情緒。她與李祐誠交往兩年，對方是室內設計師，談吐優雅、生活整潔，外人眼中是完美的「高情商男友」。

　　祐誠從不責備宜珊，但總說：「我相信妳是能夠理解的人。」當她因工作忙碌無法回應他的訊息時，他會說：「沒事，我習慣被忽略了。」當她想與朋友出遊，他會說：「你們開心就好，我這種人不適合熱鬧。」

　　她開始習慣報備、習慣縮短聊天時間、習慣改變作息，甚至習慣不談自己的不滿，因為她知道——「他從不生氣，但他會安靜、失望、遠離」，這些比吵架更讓她難受。

　　她說：「我不知道我是不是在戀愛，但我知道我已經不再是自己了。」

◇ 第七章　他裝得深情，是為了更好控制妳

從戀人到奴役的五個心理轉換路徑

一，從情感支持者變成情緒承接者

妳原本只是他的聆聽者，後來成了他的唯一出口。妳不再表達自己的情緒，只負責照顧他的脆弱。

二，從對等選擇者變成行為調整者

一開始妳們是一起討論決定，但現在，妳習慣先看他的表情、口氣、偏好來安排行程、生活與互動。

三，從自我擁有者變成關係順從者

妳開始壓抑興趣、放棄社交、削減目標，只為「不要太累他」、「不要讓他有壓力」。

四，從期待共享者變成責任承擔者

妳想談未來，他說「不要逼我」；妳想談問題，他說「妳太敏感」。於是妳什麼都不談，只默默處理。

五，從表達者變成沉默者

妳不再問、也不再說。妳學會安靜、觀察、避免麻煩。愛變成一種自我壓抑訓練。

第六節　妳是戀人？還是心理奴役的角色？◇

不是他多可怕，而是妳已經學會不再反抗

　　心理奴役的關鍵不在於他有多強勢，而在於妳已內化了他的所有感受與需求，把自己調成「他最舒服的版本」。

　　這種「自我調整的訓練」會讓妳：

- 無法分辨哪些是妳的需求，哪些是為了他而產生的習慣
- 懷疑自己是否過度敏感，而不敢再提出任何期待
- 逐漸認為「他都沒逼我，是我自己願意的」
- 在沒有任何指令與暴力的情況下，自願交出行動與情緒自由

　　這不是溫柔，是無聲的馴化。

讓妳覺得「這都是妳自己的選擇」

　　PUA型操控者會說：

- 「我不想強迫妳，但如果妳願意，那對我意義非凡」
- 「妳這麼善良，我相信妳會幫我」
- 「妳願意給我這麼多，讓我真的覺得妳才是懂我的人」

　　這些語言讓妳感覺：這不是被索取，而是自我成就的表現。久而久之，妳會把給出金錢、身體與時間視為「被愛的證明」，而忘記了妳從未被回應、從未被尊重、從未被選擇。

◇ 第七章　他裝得深情，是爲了更好控制妳

愛情不是屈服劇場，妳不該在裡面失去主體

妳不是要當他情緒的過濾器，也不是要變成他世界的配件。真正的愛，應該讓妳保有聲音、選擇、情緒與界線。

當妳發現自己不敢講、不敢拒絕、不敢改變，請問問自己：妳現在的樣子，是戀人？還是他情緒系統裡的無聲順服者？

心理奴役式戀愛互動特徵辨識表

互動觀察項目	心理奴役傾向分類	風險提醒
我是否總是先考慮他的情緒，再決定是否表達自己的想法？	情緒優先與自我壓抑	妳的情緒將無法被看見，關係將缺乏真實互動
我是否習慣改變生活節奏與行為，只為讓他更舒服或安心？	行為調整與關係順從	妳會喪失行動自由與主體性，變成對方生活附屬品
我是否不再主動討論問題，因為他總說我太敏感或太多？	沉默適應與表達自我審查	妳將無法建構健康溝通結構，長期壓抑將導致情緒枯竭
我是否開始對自己的需求感到羞愧或過度反省？	需求羞愧與價值自我削弱	妳會懷疑自己應不應該有感覺，進一步削弱自我價值
我是否漸漸停止與外界互動，只為維持與他的關係穩定？	社交斷聯與情緒依賴擴張	妳的生活空間將完全圍繞對方，無法獨立存在

第七節　關係中想要「主導權」的妳，該如何反制高階情場玩家？

> 情感映像：她學會的不是離開，而是不再被掌控

王芷涵三十二歲，是一位自由攝影師，三年前曾深陷一段與 PUA 型情場高手的關係。對方是一位媒體創業者，外表俊朗、談吐得體、擅長談理想談感情。他讓芷涵覺得「自己被看見、被懂得」，並願意為這段關係付出一切。

直到她發現自己不再與朋友聯絡、不再追逐夢想、不再思考自己真正想要的生活，而是只想「讓他開心」，她才驚覺：她不是在談戀愛，而是在維護一個以他為中心的劇本。

如今的她學會設立界線、保留情緒空間與主動結束有毒互動。她說：「我不是變得冷漠，而是再也不讓誰用『愛』奪走我的自由。」

> 妳想要的是「愛的主導權」，不是「互動的服從權」

關係的主導權並不意味著操控他人，而是指：

■ 妳可以選擇什麼樣的互動節奏

◇ 第七章　他裝得深情，是爲了更好控制妳

- 妳擁有說「不」的能力而不需解釋
- 妳能辨識自己內心的聲音而不被催眠
- 妳不再等他先給妳定義，而是自己定義這段關係的走向

如何反制高階情場玩家？六大反操控思維策略

一、延長觀察期：越快愛上，越容易被設計

高階操控者最怕「拖」，因為他們依靠「快節奏建立信任」來奪取妳的判斷力。妳該做的是——即使心動，也不行動太快。

二、拒絕情緒上鉤：先回頭問自己，而不是急著回應他

當他突然熱情或冷淡時，不要馬上反應、解釋或討好。情緒冷靜才是真正的反擊。他設計起伏，但妳不入戲，他就無法掌控局面。

三、看行動，不聽話術：別讓讚美與承諾麻痺妳的警覺

他說：「我好想和妳過一輩子」，但一直不願公開關係？

他說：「妳是最懂我的人」，卻常消失不回訊？

請妳練習不被語言感動，而是用行動驗證一致性。

四、設立非談判型界線：冷讀他，也要堅持妳

當他說「我只是比較自由派、不想被定義」，妳可以回：「我尊重自由，但我也有我需要的確認。沒有明確關係我就不會投入那麼多。」

界線不是攻擊，是守住自我主權。

第七節　關係中想要「主導權」的妳，該如何反制高階情場玩家？ ◇

五，別用改變自己換取關係安全：取悅從來無法創造被愛

如果他說「我就是喜歡安靜型女生」，而妳變得愈來愈收斂，這不是成長，是迎合。

真愛不需要妳演成他要的樣子，真正的主導權，是保留妳的樣子不被吞沒。

六，定期自我覺察：「這是我想要的嗎？」

每隔一週、每段互動之後，問問自己：

- 我開心嗎？
- 我變得更自由還是更束縛？
- 我在這段關係裡是越來越完整還是越來越退讓？

這不是懷疑愛情，而是負責任地活在愛裡。

實戰應對：讓掌控者措手不及

- 「這樣的話，我會暫時不繼續這個話題，等我們冷靜再談。」
- 「我知道你習慣這樣，但我不會因此縮小我想要的生活。」
- 「我尊重你的風格，但我也有選擇什麼進入我人生的權利。」

這些話不是挑釁，而是讓妳的界線成為空氣中的存在感。

高階情場玩家玩的不是愛，而是贏。他們讓妳以為是「妳追不到他」，實際上他只是在玩一場沒有輸贏、但會讓妳耗盡能量的遊戲。

◇ 第七章　他裝得深情，是爲了更好控制妳

妳的勝出不是駕馭他，而是識破他、拒絕他、走出這場劇本，然後回到那個有自由、有情緒、有聲音、有價值的自己。

反制操控型情人思維與行動策略表

策略項目	應用情境	心理反擊原則
延長觀察期，避免過快投入	對方急速告白、用理想話語催促妳認定關係	用節奏掌控重建信任空間，讓判斷基於觀察
遇到情緒操作時暫停反應，先穩定自己	對方忽冷忽熱、製造妳的焦慮與依賴感	不讓情緒主導決策，用冷靜拉開控制距離
用行動判斷真實意圖，而非聽信話術	對方承諾多但行為與語言不一致	確認行為與承諾是否對等，避免被話術迷惑
設立非談判型界線並清楚表達底線	對方拒絕定義關係、閃避責任但持續親密互動	維護個人原則，防止界線被逐步滲透
拒絕迎合對方價值觀而削弱自我	對方暗示妳要改變個性或形象來配合他	保持自我認同，不讓關係成為壓抑自我的陷阱
定期檢視自己是否仍保有主體性	妳開始不確定這段關係是否仍代表妳原來的自己	持續對話與內在對齊，確保愛是在擴張而非縮小妳

第八章
妳不劃底線,他就當妳沒有邊界

◇ 第八章　妳不劃底線，他就當妳沒有邊界

> **第一節**
> **為什麼妳一讓步，他就開始不尊重妳？**

> **情感映像：**
> **她原以為溫柔是橋梁，卻發現他只把她當地毯**

　　簡柔怡三十三歲，是一位公關顧問，擅長處理人際、極有同理心。她與戴承羽交往時，曾堅信「兩人相處需要多點包容、少點堅持」，因此，她總主動讓出選擇權——吃什麼他決定、見面時間他決定、甚至連是否公開關係她也沒催問。

　　一開始，承羽對她體貼入微，但隨著時間過去，他開始遲到、不回訊息、不主動，甚至在她提議旅行時說：「妳怎麼那麼黏？」

　　某次，柔怡終於忍不住提問：「為什麼你不再像以前那樣在乎我？」他卻說：「妳本來就不是需要我哄的女生啊，我以為妳不介意。」

　　柔怡說：「原來我一直以為自己在體貼，結果卻是給了他無視我的空間。」

第一節　為什麼妳一讓步，他就開始不尊重妳？

為什麼他對妳愈來愈沒耐性？
其實是妳主動交出了「心理地位」

常見的三種「錯誤讓步模式」：

一，先放棄主張再請求被重視

當妳習慣說「沒關係」、「我可以等」、「你忙先處理你的」，久而久之，他會不再覺得妳的時間、情緒、需求值得照顧。

二，把體貼當策略，把沉默當智慧

妳以為忍讓是成熟，但對他來說，這表示妳不會反抗、不需要交代、不會離開。

三，過早釋出情緒與行動主導權

妳總說：「你決定就好」、「我配合你」、「你想怎樣都可以」，這讓他誤以為這段關係不需要雙方參與，只需他主導、妳跟隨。

關係中真正的「尊重」，從來不是妳讓的多，
而是妳的底線清不清楚

當妳讓步太多，會產生以下副作用：

讓步方式	對方的心理反應	妳的感受變化
總是先說「沒關係」	他覺得妳不需要被照顧	妳覺得愈來愈孤單
為避免衝突而不提需求	他覺得妳沒什麼要緊的事	妳愈來愈壓抑與委屈

◇ 第八章　妳不劃底線，他就當妳沒有邊界

讓步方式	對方的心理反應	妳的感受變化
把決定權交給他	他開始忽視妳的參與感	妳喪失關係主導的自信
對於傷害選擇「算了」	他變得愈來愈不在意分寸	妳漸漸失去尊嚴與界線感

讓步不等於貼心，如果不是基於對等的協調與互信，那妳只是默默把「被重視的資格」還給了對方。

男人不是天生不尊重，而是當妳不主張自己，他就不會為妳設下尊重的界線。愛裡的尊重，是主張出來的，不是等待他「看見」。

從現在開始，建立「健康讓步」的主導策略

一，讓步要明確表達是選擇，不是習慣

說：「這次我讓你選，但下次我希望我也能提提意見。」

二，對每一次妥協都設立交換條件

說：「如果這次不見你朋友，那下次你能陪我參加活動嗎？」

三，釐清情緒的優先順序，不預設壓抑才是成熟

說：「我可以等你忙完再談，但我想要我們確定今晚能聊這件事。」

四，保留決定權的輪替原則，不讓他主導成常態

說：「這次我們照你的來，下週我想換我安排。」

在愛裡，妳若一退再退，他只會一忘再忘。忘了妳的聲音、妳的需求、妳的分寸。

第一節　為什麼妳一讓步，他就開始不尊重妳？

　　真正的平衡，是妳能說出「我想要什麼」，而不是只說「沒關係，我配合你」。讓自己擁有選擇權，是妳在愛裡被尊重的起點。

錯誤讓步模式與主導權流失觀察表

錯誤讓步	主導權流失	結果
我總是先說「沒關係」，即使心裡有情緒	情緒權放棄	他將不再主動關心妳的情緒狀態
我為避免衝突而不提真正的需求與立場	需求表達權收回	妳的需求將被視為可忽略或不存在
我習慣讓對方決定所有行程與相處安排	互動節奏主動權讓出	妳的角色將從伴侶退化為配合者
對方做錯事我選擇不追究，只因為不想變成「難搞」	界線設定權崩解	他對妳的分寸感與界線會越來越模糊
當我覺得被忽略時，仍選擇說「我理解你忙」	被重視資格遞交	關係將逐漸失衡，妳被視為「不需要呵護」的人

◇第八章　妳不劃底線，他就當妳沒有邊界

第二節　他說「不要壓我」，但其實妳才是被壓得喘不過氣的那個

情感映像：她怕說太多，他卻總說她控制欲強

鄧子婷三十一歲，是一位法律助理，思慮周全、情緒表達有節度。她與周皓哲交往一年多，起初兩人互動平穩，但每當子婷提出「未來是否可以一起住」、「是否能更清楚我們的關係定義」，皓哲就會說：「我覺得妳給我太大壓力了。」

他不怒、不吼，只是默默疏遠、消失幾天或簡短回應。久而久之，子婷變得不再主動、不再期待，只要他出現、回訊息、願意見面，她就覺得要珍惜。

她說：「我不敢講自己的需求，因為他說那是壓迫；但我一直在壓抑自己的感覺，到最後卻變成我才是被逼到邊緣的人。」

第二節　他說「不要壓我」，但其實妳才是被壓得喘不過氣的那個 ◇

他說「不要壓我」，其實是他在壓妳的語言與行動自由

常見的五種「壓力轉移話術」與其心理目的：

他說的話	表面意思	真實效果
「妳這樣讓我很喘不過氣」	妳太緊迫	妳開始自我約束、避免討論敏感話題
「妳太容易激動了」	妳情緒化	妳不敢再表達任何不滿與需求
「我就這樣，不太會回訊息」	妳太在意	妳習慣等待與接受被忽略
「妳是不是太需要確定感？」	妳缺安全感	妳開始懷疑自己的情感需求是否正常
「不要一直想那麼遠」	妳逼他承諾	妳不再規劃未來，只敢活在他的步調裡

這不是坦誠，而是轉移責任的語言藝術。

為什麼這種說法會讓妳覺得「是自己太黏」？

一，妳的合理需求被他重新定義為「情緒勒索」

他不給承諾、不表明立場，但只要妳詢問或想要討論，他就用「妳讓我壓力大」來掩蓋他的逃避與不負責。

二，妳學會壓抑，只為保住他留下的時間與好感

妳不再主動提問、不再要求見面次數、不再問他心裡的想法，只因為「一提就會讓他不開心」，但妳其實已經活得不再真實。

◇ 第八章　妳不劃底線，他就當妳沒有邊界

三，妳的情緒被標籤為「不值得照顧」

他把妳的表達視為「問題來源」，讓妳開始懷疑自己的感覺是否正常。久而久之，妳會覺得愛情本來就該壓抑與自我修正。

> 這段關係的潛臺詞其實是：
> 「只要妳安靜，我就會留下」

而這正是柔性控制最致命的真相——他沒有消失、沒有暴力、沒有否定妳，但只要妳表達出「真實的妳」，他就會遠離。

這樣的關係並不是穩定，而是以妳的壓抑換來的存在感。

健康關係的對話，應該長這樣：

妳說	健康關係中的回應
「我希望我們有更明確的規劃」	「我們可以來談談彼此的想法」
「我感覺這幾天你比較冷淡」	「謝謝妳告訴我，我也想了解自己怎麼了」
「我希望妳更清楚表達你的想法」	「我會努力說得更清楚，讓妳安心」

一個願意互動的對象，不會將溝通視為負擔，也不會讓妳每次開口都覺得自己是麻煩製造者。

他說壓力太大時，妳該問的不是「我是不是太多」，而是「這段關係有沒有容納真實的我？」

如果在這段愛裡，妳總是自我設限、用壓抑換安穩，那妳該離開的，不是他的情緒，而是那個總讓妳懷疑自己「是不是太用力愛」的劇本。

第二節　他說「不要壓我」，但其實妳才是被壓得喘不過氣的那個 ◇

壓力轉移式操控語言辨識與自我回復策略表

操控語言範例	轉移策略特徵	自我回復策略
妳這樣讓我很喘不過氣	將對方需求標籤為壓迫	表達：「我理解你需要空間，但我也需要被理解。」
妳是不是太黏了？	迴避親密需求並貶低對方依附需求	釐清：「我的需求不等於黏，是正常關係的交流。」
我就這樣，不太會講這些	合理化情感逃避，迴避互動責任	界線：「情感不是天賦，是可以練習的責任。」
妳太情緒化了，常常想太多	否定情緒正當性，使對方懷疑自我	肯定：「我有表達的權利，這不代表我不理性。」
我壓力已經夠大了，妳別再講這些	用壓力作擋箭牌，阻絕溝通可能	重申：「你的壓力我尊重，但我的感受也需要空間。」

◇ 第八章　妳不劃底線，他就當妳沒有邊界

第三節　愛情是合夥，不是單方面退讓

情感映像：她一再體貼，他卻從不考慮她的立場

江亭羽三十四歲，是一位品牌顧問，個性理性而善解人意。與張允中交往初期，兩人溝通順暢，允中總說：「我很欣賞妳這麼成熟又體貼。」

但時間一久，亭羽發現幾乎所有重要決定都由允中主導——從週末行程到是否見家長，甚至她搬家都得配合他的交通與作息。他說：「這樣我比較方便啊，我工作比較忙。」

亭羽一開始選擇配合，因為她相信這是維持關係的成熟之道。但當她提議出國進修時，允中冷淡地回：「那我們還要在一起嗎？這樣我一個人在臺灣要幹嘛？」

那一刻她明白：她不是在和一個人談戀愛，而是在為一個人維持戀愛狀態。

合夥關係的關鍵：共同、對等、責任並行

健康關係的三大原則：

■ 決策權共享：無論大小事，雙方都有發言權，意見都能被考慮。
■ 情緒責任共擔：不把「妳太情緒化」當作推卸情緒處理的理由。

- 利益與犧牲平衡：誰付出多，誰犧牲多，不能長期傾斜。

當妳總是退讓，他就會習慣妳的妥協；當妳總在忍耐，他就會認為妳「應該可以再忍一下」。

他不是壞人，只是他已經習慣由妳支撐整段關係

這段關係的分工，變成這樣：

- 他決定行程，妳安排細節
- 他需要空間，妳自動收起情緒
- 他想談未來，妳來執行；他不想談，妳也不能問

這不是合夥，是情感勞務外包。妳用默默付出換取名義上的「我們」，但這個「我們」的重量其實全壓在妳一人身上。

愛情不是「對方給什麼妳就接什麼」，而是一起決定怎麼過

常見錯誤信念與其破除方式：

妳以為……	真相是……
「感情需要有人退讓才能長久」	「若總是一方讓，那叫妥協，不是成長」

◇ 第八章　妳不劃底線，他就當妳沒有邊界

妳以為……	真相是……
「我比較懂人情世故，配合他比較省事」	「久而久之，妳的聲音就會被系統性遺忘」
「不要計較太多，愛他就會自然平衡」	「不計較只是對方壓力小，妳壓力大」

如何打造真正的「合夥型戀愛」？

一，建立「互動共識表」

　　將生活中常見的五大決策項目（如假日安排、金錢支出、社交互動、工作規劃、情緒處理）雙方一起討論：

- 誰主導？誰支援？
- 是否輪流？是否調整？
- 有沒有不對等而未被察覺的負擔？

二，設定「互相補償」原則

　　今天他臨時取消妳安排的聚會，下週妳可要求他參與妳的家族飯局。不是報復，而是維持行動互惠。

三，當妳被要求犧牲時，提出「雙向交換條件」

　　他說：「妳能不能幫我處理這筆帳務？」妳可以說：「可以，那我下週也需要你陪我處理房子搬遷的事。」

　　合夥關係要建立在「彼此為彼此負責」，而不是「妳為我們負責，他只為自己打算」。

第三節　愛情是合夥，不是單方面退讓

他不是妳的上司，而是妳的情感合夥人

愛情若不是共同經營，它就會變成妳一人撐起的專案，最終連崩潰都只能悄悄進行。

愛不是退讓比賽，而是協作協商。不是妳愈會體貼，他就會愈在乎；而是妳愈明確表達自己，他才會明白 —— 這是一段兩人參與的感情，而不是一場只靠妳努力維持的劇場。

合夥型戀愛與單向退讓互動差異辨識表

互動情境	合夥型戀愛特徵	單向退讓關係特徵
日常行程安排與決策	雙方輪流主導，有事前協商與共識	一方永遠主導，另一方習慣配合與順從
面對情緒困難與衝突	彼此分擔與承接情緒，願意一起面對問題	只有一方情緒被照顧，另一方選擇壓抑沉默
財務與生活責任分配	透明分工，根據能力與情況互補	責任由一方默默承擔，對方認為理所當然
未來規劃與關係走向討論	雙方都能提出意見，並共同決定未來方向	未來進展只聽從一方安排，另一方無參與權
意見不合時的表達與處理	可以坦白表達不同立場，並願意討論折衷方案	一人主導，一人閉嘴，無法形成真正對話

◇ 第八章　妳不劃底線，他就當妳沒有邊界

第四節　女人沒有底線，就是給男人無限可能的戰場

情感映像：她說她相信他，他卻不停試探她的極限

郭品甄三十歲，是一位文創工作者，柔和體貼、包容性強。她與羅柏宇交往兩年，過程中歷經他對朋友曖昧、金錢不透明、情緒冷暴力。每次她表達不滿時，柏宇總會說：「我知道我有問題，但我會改」、「你那麼懂事，不會真的因為這個離開我吧？」

品甄一次次選擇原諒、退讓與給機會，她說：「我不想做一個斤斤計較的女人。」但她發現──每一次她退一步，他就往前踩一步。直到她發現自己成了毫無原則的應聲者，她才驚覺：「不是他太壞，是我讓他知道我沒底線。」

「妳很包容」，對某些男人來說，其實是「妳可以被玩很久」

在許多感情互動中，男性會透過行為試探妳的底線：

- 他第一次消失三天妳沒生氣，之後變成一週才回訊

第四節　女人沒有底線，就是給男人無限可能的戰場

- 他說自己手頭緊，妳主動借錢，之後他便常「遇到困難」
- 他說「朋友之間沒什麼」，妳選擇信任，之後曖昧越界成常態
- 他讓妳等、讓妳改、讓妳退，然後說：「我以為妳都願意啊」

這些行為都建立在一個前提上：妳不會說不。

為什麼「沒有底線」比「衝突」更可怕？

一，底線模糊＝鼓勵對方測試妳的極限

他不是壞，他只是習慣探索妳的反應來確認自己能走多遠。當妳沒有明確說不，他會當作默許。

二，底線模糊＝妳會被當作資源而非夥伴

妳的金錢、時間、情緒都變成他可以自由索取的資源。因為妳從沒說過「夠了」，他不會知道妳會累。

三，底線模糊＝情感地位失衡後難以修正

一旦他習慣妳會讓、妳會等、妳會配合，當妳終於說出「不」時，他會說：「妳以前不是這樣的。」

常見「沒底線」的語言與行為陷阱

妳說的話	隱含訊息	對方如何解讀
「沒關係啦」	我不計較	她很好哄，過一下就好
「我相信你」	我不會調查也不追究	可以有模糊空間
「錢不重要，我出」	我會承擔	可以延遲回報

239

◇ 第八章　妳不劃底線，他就當妳沒有邊界

妳說的話	隱含訊息	對方如何解讀
「只要你有在意我就好」	我不需要承諾	不用負責任，只要偶爾示好

這些話不是錯，但若缺乏條件設定與後續行動一致性，對方只會將其當作「妳可被利用的證明」。

如何設下清楚底線，讓對方學會尊重？

一，「預設尊重」改為「逐步建立信任」

不要一開始就全然相信，要看他的行為是否配得上妳的信任，而不是用信任換取行為。

二，為每個讓步設定可見邊界

- 「我可以接受這次你沒回應，但我不接受這種情況成為常態。」
- 「這次我幫忙，但下次如果沒有回應，我會選擇退出協助。」

這不是威脅，是維護對等結構。

三，反覆行為一定要有反應

- 若他重複犯錯，不能再以「我懂你很累」包容，而要表達「這讓我開始不舒服」。
- 若他每次都用「我壓力大」搪塞，那妳該說：「我不是你情緒的回收桶。」

四,不以愛為名犧牲自我權利

- 「愛你」不等於「失去選擇」
- 「理解你」不代表「我不再設限」
- 「願意改變」必須是雙向

男人不是壞,而是沒人告訴他哪裡是界線

他會測試,是因為妳給了無限制;他會得寸進尺,是因為妳從不反擊。

別讓愛變成妳失去底線的藉口。真正讓一段關係穩定的從來不是妳願意給多少,而是妳讓對方清楚知道:哪裡可以靠近,哪裡必須尊重。

底線模糊與權力失衡互動辨識表

互動行為觀察	底線模糊特徵	權力失衡後果
妳常說「沒關係」來避免爭執或壓力場面	語言模糊,迴避立場表態	對方逐漸視妳讓步為理所當然
妳默許他遲到、失聯,並自行解釋幫他開脫	反應遲緩,不設及時情緒回饋	妳的需求與感受變得不被重視
妳一再承擔金錢或生活上的支出,卻不要求對等	責任傾斜,缺乏互惠結構	對方主導關係節奏,妳失去選擇權
他多次失約或敷衍,但妳只以「他應該是太累」回應	情緒遮蔽,自我合理化對方失誤	妳陷入自我懷疑與過度自我修正
妳不敢設下明確底線,擔心他會因此離開	逃避衝突,讓步以維持關係穩定	關係逐漸偏離平等、尊重的互動邏輯

◇ 第八章　妳不劃底線，他就當妳沒有邊界

第五節　認清關係權力不對等，不代表要變得強勢，而是要有策略

情感映像：她不再逆來順受，也不再硬碰硬

朱宥蓉三十五歲，是一位活動企劃經理，思緒清晰、情緒溫和。她曾歷經一段關係中，對方總主導節奏與決策，一開始她選擇配合，後來受傷後選擇對抗，從壓抑變成強硬，從不說話變成責備。

結果對方開始指控她「變了」、「太有攻擊性」、「讓人沒空間」，關係迅速惡化、分崩離析。

後來她學會：「不是非得當壞人，也不該永遠當好人。我要做的是：把選擇權還給自己，把節奏調回公平，這不是強勢，是智慧。」

「不對等」是現實，不代表妳要做極端的調整

關係中常見的不對等型態有三種：

- ■ 情緒支配型：他總能影響妳的心情，妳卻無法影響他的狀態
- ■ 節奏主導型：他決定見面頻率、互動時機與關係發展方向

第五節　認清關係權力不對等，不代表要變得強勢，而是要有策略

■ 付出不對稱型：妳負責主動關心、關係經營與情感溝通，他只回應但不投資

這些狀態不是「一次改變」就能打破，而是需要辨識、調整與逐步收回參與權。

策略一：辨識權力位置，先看誰「主動定義情境」

提問自檢：

■ 每次溝通的起點，都是他開口還是我開口？
■ 我們的相處模式，是他決定什麼時候靠近、什麼時候遠離？
■ 我是否總是預設他不喜歡，我就不做？
■ 他有拒絕我的自由，那我有拒絕他的勇氣嗎？

→若妳在關係中總是順應他的定義，而沒有自我參與的空間，這就是一種隱性服從。

◇ 第八章　妳不劃底線，他就當妳沒有邊界

策略二：策略性對話≠吵架，而是「立場清晰＋情緒穩定」

對話技巧：

對話情境	傳統說法（無效）	策略型說法（清晰＋溫和）
他不給承諾	「你到底想不想定下來？」	「我目前人生希望有個穩定的伴侶，若這不符合你規劃，也許我們步調不同。」
他習慣忽冷忽熱	「你為什麼都不回我訊息？」	「這樣忽冷忽熱的互動會讓我不安，我會開始重新考慮我們的相處方式。」
他迴避對話	「你都不跟我談！」	「我尊重你不喜歡衝突，但我也需要有效溝通才能安心投入。」

→妳不是要他改，而是透過語言告訴對方：妳也會根據他的行為調整自己的位置。

策略三：用退出的力量，讓對方看見妳不是「非他不可」

高階情場玩家、控制型伴侶最怕的不是妳罵他，是妳突然冷靜、不再配合、不再給他反應。

退出並不一定是分手，而是：

■ 不再主動傳訊息，看他是否補位
■ 停止為他的情緒負責，看他是否開始管理自己
■ 停止解釋與討好，看他是否願意真正溝通

第五節 認清關係權力不對等，不代表要變得強勢，而是要有策略

→妳用「退」，不是結束關係，而是讓他知道：權力不能長期傾斜，妳也有選擇權。

不強勢的妳，也能非常有力量

在一段不對等的關係裡，妳的任務不是變得冷血或強勢，而是變得有策略、有底線、有清楚的回應機制。

愛是一種流動，不是一種降伏。策略，是幫妳在不公平中保有尊嚴、在愛裡保留選擇。

關係權力不對等狀態與對應策略表

不對等狀態類型	對應策略	實踐語句範例
情緒支配型（他影響妳的心情，妳無法影響他）	暫停過度回應，恢復情緒主權，建立自我情緒照顧機制	「我現在需要一段空間理清我的情緒，等我準備好會再回應。」
節奏主導型（他主導互動時機與關係方向）	打破他節奏，主動安排行動並設定雙向互動期望	「這週我安排了一個活動，如果你有空，我希望我們一起參與。」
付出不對稱型（妳投資感情，他僅回應不回饋）	停止無限付出，明確界定付出界線與補償原則	「我願意支持，但我希望你也能在我需要時提供幫助。」
溝通單向型（妳主動對話，他慣性沉默或閃避）	降低發言頻率，提出明確回應要求並視對方行為調整投入	「我們之間的溝通太單向了，我會等你主動開口再決定要不要繼續投入。」
互動定義權失衡（他決定什麼是愛，妳只能適應）	以自我需求為基礎重建愛的定義，拒絕配合式戀愛	「我想要的愛情是雙方都能自在表達的，不只是我配合你的方式。」

◇ 第八章　妳不劃底線，他就當妳沒有邊界

第六節　策略型情感思維：讓他尊重妳的最佳心法

情感映像：她沒有變得冷酷，但她開始變得有立場

賴思綺三十二歲，是一位文案總監，過去的戀愛總是全心全意、溫柔體貼。但這樣的她，卻總是在關係裡被忽視、被消耗、最後被說成「太敏感」、「太有壓力」。

在經歷幾段情感失衡後，她做了一個決定：不再試圖用「被喜歡」換取「被尊重」。

現在的她會說：「我喜歡你，但我也有我的步調。」

她不再時時回應、不再凡事配合，但她也從不冷暴力、不亂發脾氣。她說：「我變得不再好說話，但我更被認真對待。」

這不是轉性，而是轉念──從「情緒反應者」成為「情感設計者」。

第六節　策略型情感思維：讓他尊重妳的最佳心法 ◇

策略型情感思維的五大原則

一、妳不是反應者，而是設計者

　　停止以他的情緒為依歸，開始建立妳的情緒節奏與反應規則。

　　範例：「當你消失兩天再出現，我不會立刻回應，我會先處理自己的情緒，再決定要不要繼續對話。」

二、說話要有結構，不用解釋太多

　　尊重妳的人不會要求妳辯解，只要妳的話語清楚、邏輯一致、帶有穩定的語氣與界線。

　　範例：「我需要被重視，這不是指控，而是我做為伴侶的需求。」

三、情緒不是武器，也不是籌碼，是訊號

　　當妳生氣、受傷、不滿，不要壓抑，但也不要發洩。用感受帶出邊界與後續行動，而非期待對方幫妳修好情緒。

　　範例：「這樣的忽略讓我感覺不被重視，我會停止主動聯絡一段時間。」

四、不急於拉回互動，而是等他行動證明

　　在愛裡妳不是服務員，妳提供互動，但對方需要付出才能繼續進入妳的情感空間。

　　範例：「這段時間你很冷淡，我也不想再單方面維持，未來的互動我會看你怎麼表現。」

◇ 第八章　妳不劃底線，他就當妳沒有邊界

五、與其做「被愛的對象」，不如做「值得合作的夥伴」

最強大的感情力量不是讓對方「捨不得離開」，而是讓他知道：與妳在一起，他會更清晰、更穩定、更成熟。

這不是情緒吸引力，而是人格穩定性所帶來的合作價值。

> 妳不是要他怕妳，而是讓他知道：
> 妳是一個不容易忽略的人

在真正被尊重的關係裡：

- 妳的話有被回應，不是被繞過
- 妳的沉默會被察覺，而不是被當成「沒事」
- 妳的拒絕不會被當作鬧情緒，而是會被認真理解
- 妳的不投入，會讓對方感到需要調整而不是放棄

因為妳不是愛得用力的人，而是活得有立場的女人。

愛情不是一場比誰付出多的遊戲，而是一場看誰更懂得保護自己的選擇權。

尊重從來不靠「裝乖巧」換來，而是靠「穩定而堅定的界線」得來。

從今天起，妳不再討好、也不需硬撐，妳只要記得：每一次說話、每一次反應，都是妳教會他怎麼對待妳的機會。

第六節　策略型情感思維：讓他尊重妳的最佳心法 ◇

策略型情感思維五原則實踐指南表

策略原則	核心意涵	實踐範例語句
妳不是反應者，而是設計者	建立自己的節奏與回應機制，不再以對方情緒為中心	「我會根據自己的節奏回應，不再配合情緒勒索」
說話要有結構，不用解釋太多	清晰、有邏輯地表達界線與立場，拒絕過度解釋與討好	「我不需要辯解，我的感受與期待是具體的」
情緒不是武器，也不是籌碼，是訊號	用情緒傳達需求與界線，不期待對方修復妳的感覺	「我說出來是因為這件事傷了我，不是為了讓你內疚」
不急於拉回互動，而是等他行動證明	讓行動說話，觀察對方是否有真誠的回應與責任意識	「這段互動我會暫停，等你有清楚回應後再繼續」
與其做「被愛的對象」，不如做「值得合作的夥伴」	建立價值感，讓對方感受到與妳相處能帶來成熟與清晰	「我不是來當你的情緒容器，而是來與你一起經營關係的」

◇ 第八章　妳不劃底線，他就當妳沒有邊界

第七節　愛的對象會變，但妳的選擇權要越來越穩固

> 情感映像：
> 她終於懂得，改變的是人，但選擇不該是命運的安排

　　林珮甄三十六歲，是一位視覺設計師，過去五段感情裡，每一次都是全力以赴，每一次都以「我只要愛對人就會幸福」為信仰。

　　但每次愛錯人後，她都說：「我怎麼又遇到不對的人？」、「是不是我命不好？」、「是不是我太好騙了？」

　　直到她三十六歲那年，再度走出一段精神耗損的關係時，她不再問「為什麼又遇到錯的人」，而是開始問：「我為什麼沒有在第一次感到不舒服時就選擇停下？」

　　她說：「我可以再愛上誰沒關係，但我不要再失去選擇權。」

愛情可以變，但妳要守住的，是「選擇權三大原則」

一、愛情是一種邀請，不是義務

他出現在妳生命裡，是一個可能性，但不是必要性。

妳可以說：「我欣賞你，但我不接受你對待我的方式。」

選擇權的核心是：「不是誰來追我、誰說愛我，我就得接受。」

二、妳永遠可以重新評估一段關係的價值

今天他很體貼，不代表下週的冷漠也要被包容。妳有權根據新的行為重新計算關係的「投資報酬比」。

妳可以說：「現在的這段關係，讓我愈來愈沒有能量，我選擇重新設定我們的互動邏輯。」

三、拒絕「錯過他就沒人要我」的思維陷阱

真正讓妳孤單的從來不是沒人愛，而是妳一次次選擇留在讓妳不被珍惜的愛裡。

選擇權是妳的，而不是「抓緊他」這件事的附屬價值。

妳的選擇權來自哪裡？三種心理資產養成策略

1. 獨立感情評估力

不靠朋友不靠對方的解釋，妳要能自己讀懂他的行為、感受自己的感覺，並做出自我導向的決定。

◇ 第八章　妳不劃底線，他就當妳沒有邊界

養成方式：每一次不舒服時，寫下事件、妳的感覺、他的行為、妳的下一步，三週後回顧妳是否一致。

2. 關係「退出機制」設計能力

每段關係都應設有可退出的開關，不是為了逃跑，而是讓妳有心理安全感。

養成方式：設定三次重複不舒服事件就重新評估，並告知對方妳不是不講理，而是有原則。

3. 自我價值感穩定訓練

當妳知道自己的價值不來自「對方的評價」時，妳的選擇就不再是討好，而是篩選。

養成方式：每週問自己：「今天的我，有哪三件事讓我感覺到我是值得的？」

> 未來妳還會遇到不一樣的人，
> 但妳要讓自己成為不一樣的選擇者

人會變，關係會變，環境會變，但妳不應該每次都一樣──總是相信、總是配合、總是失望，然後又一樣地自責與退讓。

愛的對象可以錯，但妳的選擇權不能錯放。

妳可以再愛一次，但妳不該再用上次那套「拚命證明我值得」的劇本。

第七節　愛的對象會變，但妳的選擇權要越來越穩固

真正值得的愛，不會讓妳拿選擇權來換存在感。

選擇，是女人在愛裡最強的底氣。

情感選擇權自我養成三步驟策略表

心理資產	養成方式	選擇權強化效果
獨立感情評估力	每次不舒服時，寫下事件、感受、對方行為與妳的下一步，三週後回顧一致性	可不被語言操控，而用行為與情緒實感做決策
關係退出機制設計能力	設立三次重複不舒服就重新評估的原則，並向對方說明這是界線不是情緒	面對不對等關係時不再卡住，擁有結束與重建的勇氣
自我價值感穩定訓練	每週自問三件讓自己感到值得的事，強化內在價值來源而非外部認可	不再靠對方態度決定自己的價值，自我感穩定就能更精準選擇

◇第八章　妳不劃底線，他就當妳沒有邊界

第九章

妳總是太怕失去，
所以從來沒真正擁有過

◇ 第九章　妳總是太怕失去，所以從來沒真正擁有過

第一節　他不冷淡，是妳太主動

情感映像：她以為他忙，其實是她太急

黃靖淳三十歲，是一位科技公司行銷企劃，對愛情很真誠也很積極。她和楊皓仁交往初期，幾乎每天都主動問候、安排見面、準備驚喜，甚至幫他查餐廳、訂票、寄便當。她說：「我覺得如果我夠貼心，他就會更靠近我。」

起初皓仁回應正常，但不到三週就開始延遲回覆，出現「太忙」、「先處理一下工作」等理由。她心裡不安，就更努力聯絡、製造話題，甚至用各種方法試圖讓他有感。

直到某天他直接說：「妳太積極了，我壓力有點大。」她才突然意識到：她不是被忽略，而是自己太早、太多、太滿。

過度主動的五大表現型態與其隱性副作用

主動行為	妳的出發點	對方的感受	長期結果
每天主動聯絡	想維持溫度與連結	感到被監控與束縛	他漸漸疏遠，不再主動
安排見面與活動	想讓關係有節奏	感覺妳節奏太強，沒空間	他變得被動甚至敷衍
常送禮或製造驚喜	想讓他感受到愛	覺得太快、太多、太壓力	他開始說「妳太好了，我不配」
試圖解釋、解釋再解釋	想釐清關係並減少誤會	覺得妳太焦慮、太黏	對話變少，互動冷卻

第一節　他不冷淡，是妳太主動 ◇

主動行為	妳的出發點	對方的感受	長期結果
替他決定、安排、設想未來	想讓他放心交付	覺得妳控制欲高、不給空間	逃避承諾或直接淡出

妳不是不夠好，
是妳太快把價值放在「被需要」這件事上

　　心理學研究指出，當一方在關係中「行動速度超越情緒連結的成熟程度」，會讓另一方產生「被逼進」的不安。這種不安不會讓他更靠近，反而會讓他開始退縮與測試距離。

　　妳會說：「但我只是希望他感覺到我在意。」

　　但他感覺到的不是妳在意，而是妳害怕沒被在意，所以一再靠近。

如何調整主動的節奏，重新建立對等的吸引力？

一、初期互動不要超過「三分投入原則」

　　若他一週約見一次、主動一次，妳最多兩次。維持節奏落差不超過一倍，是情感對稱的起點。

◇ 第九章　妳總是太怕失去，所以從來沒真正擁有過

二、回應不是義務，是權利

對方沒有回訊，不代表妳應該補足沉默。妳可以回得慢一點、少一點，但每次都穩定。

關鍵是：「妳不是不在乎，而是讓互動有彈性而非壓力。」

三、主動要搭配條件與觀察，而非單向給予

例如：

「這週我安排了個活動，如果你也願意參與我會很開心，否則我就和朋友去了。」

這樣的語言表達了妳有選擇、也有期待，不是把全副情緒押在他身上。

讓他靠近，不是靠妳拉他，而是靠妳站穩

妳不需要再主動、再熱情、再解釋，而是需要學會「保留空間讓他來」。

當妳站穩自己，不追問、不補位、不測溫度，反而會讓他更想靠近。

因為只有妳把自己放在等值的位置，他才有機會升高對妳的尊重與渴望。

過度主動行為對照與節奏重建策略表

過度主動行為	潛在問題	節奏重建策略
每天主動聯絡他	讓對方失去主動空間與節奏掌控感	三次聯絡中只主動一次，保留空間

第一節　他不冷淡，是妳太主動

過度主動行為	潛在問題	節奏重建策略
頻繁安排見面與活動	互動壓力上升，對方開始疏遠與敷衍	每次活動邀約設下彈性與選擇權
送禮與驚喜過度密集	好意反被視為入侵與情緒勒索	好意行動間隔一週以上，觀察對方反應
急於解釋、澄清關係中的情緒誤會	容易讓對方覺得妳不穩定或黏人	情緒表達後停止追問，等待對方回應
替對方設想、安排行程與未來規劃	喪失界線感，對方缺乏投入責任	提出提案後觀察對方參與意願再決定投入程度

◇第九章　妳總是太怕失去，所以從來沒真正擁有過

第二節　妳的焦慮是他的資源

情感映像：她不安，他卻從未主動安撫

　　周怡安二十八歲，是一位餐飲品牌行銷，戀愛時總是充滿不安全感。她與男友沈柏元交往半年，每次只要柏元未讀未回、語氣冷淡、取消約會，她就會陷入極大焦慮，反覆傳訊息、道歉、檢討自己是不是太情緒化。

　　柏元從不說她不對，反而會淡淡地回：「我沒有生氣，是妳太敏感。」或者：「我其實不太會安慰人，妳自己想開點。」

　　每當她安靜下來，開始不再追問、甚至試圖抽離時，柏元又會突然溫柔回來、邀她吃飯、講出一兩句「其實我很珍惜妳」，讓她再次回到那個焦慮與依附的情緒輪迴。

　　她說：「我一直以為是我的焦慮破壞了關係，後來才知道，他根本靠我一直不安來讓我不敢離開。」

他不處理妳的焦慮，因為焦慮讓妳聽話

焦慮成為操控工具的四大運作模式：

他做了什麼	妳的反應	對他有何好處
忽冷忽熱	妳拚命確認自己哪裡做錯	他免責、免解釋，妳反而主動修正
延遲回應、訊息敷衍	妳加快訊息頻率、自我安撫	他掌握回應節奏，完全不需投入情緒
無明確承諾	妳焦慮而不敢要求，怕「逼太緊」	他可保持模糊、保留自由、不負責任
偶爾釋出溫柔	妳情緒立即回穩並恢復投入	他不需穩定給愛，只需偶爾餵養即可

妳不是不值得被愛，是妳在焦慮中把自己變得容易「被操控」

焦慮讓妳：

■ 不敢設底線，怕他走
■ 不敢說需求，怕被說情緒勒索
■ 不敢中斷互動，怕關係結束
■ 不敢等對方行動，總是搶著維持聯繫

但真正該被解決的，不是妳「太黏」或「太多」，而是：妳是不是只會用焦慮換愛，卻忘了妳也能選擇平靜的互動？

◇ 第九章　妳總是太怕失去，所以從來沒真正擁有過

如何收回妳的情緒主權？從以下三個層次開始

一、語言層：不再用情緒詢問關係安全感

不要說：「你是不是又不愛我了？」

改說：「我現在的感覺是空白的，我需要知道你怎麼看待這段關係。」

→情緒要變成「回饋」而不是「追問」。

二、行為層：設立「反應停損點」

例如：

對方 24 小時未回訊息，不再補訊、不再傳第二輪，而是直接記錄互動頻率，重新評估投入比例

情緒波動後不主動道歉，而是休息後再說出自己的觀察，而不是馬上急著挽回關係氣氛

→不再用「反覆追問」維持存在感。

三、心理層：學會承認焦慮，但不讓它主導行為

妳可以說：「我現在很焦慮，但我選擇讓這個感覺沉澱，不再立刻做反應。」

焦慮不是不能有，而是不能再變成妳討愛的工具。

妳的情緒不是拿來綁住對方，是拿來照顧妳自己的

當他不再回應妳，妳就加快速度傳更多訊息；當他說妳太多，妳就更努力變得安靜。這不是妳太情緒化，而是妳在焦慮裡失去了選擇行為的能力。

從今天起，不再讓焦慮替妳回應愛情，不再用不安去測試他是否在乎，而是：讓妳的穩定成為這段關係的節奏制定者。

焦慮反應轉化與情緒主權重建策略表

焦慮型反應行為	情緒轉化策略	主權重建效果
連續傳訊確認他是否還愛我	暫停主動聯絡，觀察對方是否主動補位	不再用訊息尋求安全感，改以觀察行動衡量關係價值
見他冷淡就自我懷疑並道歉	將情緒寫下，不立刻傳訊，用文字反思自己的感受	回到自我中心管理情緒，不讓情緒綁架行為
他沉默時立刻解釋自己的行為以安撫他	用「我觀察到…」取代「我是不是讓你不開心」	用理性語言主張自身觀察，提升溝通品質
不停討論關係現狀，卻不設定改變條件	設定明確底線（例如：3次未回訊則降低投入）	關係互動轉為有條件、有回饋的對等節奏

◇第九章　妳總是太怕失去，所以從來沒真正擁有過

第三節
妳以為的溫柔，是妳替他找的藉口

情感映像：他說得很輕，但她卻承擔得很重

　　許湘婷三十三歲，是一位書店企劃，個性溫和敏銳。她與林佑翔交往時，對方從不大聲說話，講話語調總是低沉平穩，從不批評，也不爭執。

　　佑翔常說：「我不是那種會講很多話的人，你應該懂我。」當湘婷遇到挫折，佑翔會靜靜地坐著，但不安慰；當她談未來，他會說：「我們慢慢來。」當她對關係有疑問，他總淡淡說：「我一直都在。」

　　湘婷曾說：「他不熱情，但他很溫柔。」

　　直到她漸漸發現，每次不快樂、委屈、困惑，都被她自己用「他只是悶騷」、「他比較慢熱」的理由掩蓋。

假溫柔＝真冷淡？五種常見的錯誤詮釋語言

他說的話	妳的詮釋	實際行為	內在危機
「我比較不會講甜言蜜語」	他誠懇，不玩心機	從未主動說愛、不給明確情感回饋	妳持續處在猜測與內耗狀態
「我不太會安慰人」	他老實，不假裝懂情緒	妳難過時他無動於衷、不參與妳的情緒過程	妳開始壓抑情緒、否定需求
「我一直都在啊」	他默默付出、很深情	從不行動、不表態、不參與妳的人生規劃	妳負責所有關係進程與經營

第三節　妳以為的溫柔，是妳替他找的藉口 ◇

他說的話	妳的詮釋	實際行為	內在危機
「我們順其自然」	他不是控制狂，懂得尊重	從不做承諾、迴避討論未來	妳承擔所有不確定與焦慮
「我相信你懂我」	他認同妳的成熟、情感智慧	將情緒責任全數丟給妳，不主動參與對話	妳變成關係裡唯一的溝通者

這些不是溫柔，是不負責任的退場藉口包裝成安靜型深情。

妳不是喜歡安靜的男人，而是習慣自己承擔情緒負擔

真正的溫柔應該是：

- 能夠傾聽，也願意回應
- 面對問題不逃避，而是用平和的方式處理
- 願意溝通，不用「妳應該懂我」推卸自己應表達的責任

若一個人永遠「說得很輕」，卻讓妳「壓得很重」，那不是溫柔，而是情感缺席。

如何分辨「真正的溫柔」與「安靜型情緒閃避者」？

一、溫柔會在情緒出現時留下，不會只說「妳冷靜點」

真正的支持者會說：「我聽妳說，不用急，我在。」

而不是：「別那麼情緒化，我們等氣氛好了再談。」

◇ 第九章　妳總是太怕失去，所以從來沒真正擁有過

二、溫柔會主動給回應，而非讓妳總是提問

他會主動說：「這週我有點累，但我在乎這段關係。」

而不是等妳問：「你是不是不愛我了？」他才回：「想太多。」

三、溫柔會承擔共同情緒，不讓妳自己處理兩人的張力

例如他會說：「我也有不安，但我們一起面對」，而不是只說：「妳太複雜了。」

> 如果妳總是要自己解釋、消化、緩和，
> 這段關係並不溫柔

一段感情的健康程度，不在於聲音的音量，而在於互動的頻率與深度。

他如果總是讓妳「自己想清楚就好」，那這段愛不是妳們一起建的，是妳一人用幻想維持的。

停止替他說話，開始為自己的感受負責。

真正溫柔的愛，會讓妳鬆一口氣，而不是讓妳越來越會說服自己「他沒有不在意」。

錯誤詮釋型「假溫柔」語言與真實行為辨識表

他給出的反應	妳的美化詮釋	可能的真實心理
妳哭了，他安靜地坐在旁邊但未回應	他安靜陪我，是一種溫柔	他沒有能力處理情緒，只能靜默閃避

第三節　妳以為的溫柔，是妳替他找的藉口

他給出的反應	妳的美化詮釋	可能的真實心理
妳說想未來，他說隨緣不規劃	他不急進度，是尊重我	他不願承擔未來責任，保留退場空間
妳提及困惑，他只回「想太多」	他怕我擔心，所以簡短帶過	他不願正視問題，採取語言冷處理
妳提出需求，他說「我就是這樣」	他誠實做自己，不包裝	他缺乏改變意願，將問題責任推回給妳
妳難過時，他轉話題或離席	他怕自己講錯話，才選擇沉默	他對情緒無感，或故意淡化妳的需求

◇ 第九章　妳總是太怕失去，所以從來沒真正擁有過

第四節
妳一次次給機會，其實是在自我否定

情感映像：她說「這是最後一次」，卻說了第七次

　　蕭若芸三十歲，是一位電商平臺營運主管，外表獨立、內心柔軟。她與李宥勝交往兩年，從第一年開始，宥勝就曾多次冷處理、情緒失聯、甚至曖昧不清。

　　每次若芸試圖分手，宥勝都會說：「我只是太累，不是不愛妳」、「我知道我有問題，我會改」、「再給我一次機會，好嗎？」

　　而她也總是因為這些話再回頭，再試一次，再相信一次。

　　直到她發現，每一次「給機會」之後，真正改變的不是宥勝的行為，而是她對自己界線的下修與價值感的重置。

　　她說：「我以為我在愛一個人，後來才知道 —— 我只是不敢承認，我在愛裡失去了自己。」

第四節　妳一次次給機會，其實是在自我否定

> 一次次的機會，真的給的是他嗎？
> 還是妳在補償自己的不安？

常見給機會的語言與其心理底層

妳說的話	表層語意	背後心理需求
「我相信他會改」	表現信任	妳不想被當成太難搞的人
「這只是他壓力太大」	理解對方	妳不敢面對關係的不穩定感
「我們都需要時間調整」	給予空間	妳迴避說出自己的不滿
「可能是我太敏感了」	檢討自己	妳在為他的錯找出口，也合理化自己的讓步
「這是最後一次了」	自我警告	妳希望這次真的不一樣，但行為上還沒準備離開

這些不是錯，而是情緒自保的話術結構，讓妳看似勇敢，其實在消耗內在底線。

> 妳不是給他機會，
> 而是在降低自己的標準來換取愛的繼續

重複原諒，不是大度，而是：

- 把一次次界線當成「可議價空間」
- 把自己的情緒當作「可壓縮的配件」
- 把希望他改變的願望放在「壓抑自己」的代價上

◇ 第九章　妳總是太怕失去，所以從來沒真正擁有過

真正的自我肯定不是「我還可以撐下去」，而是「我不值得再被這樣對待」。

如何終止「自我否定式原諒」循環？

一、將「原諒」設為條件性，而非無限供應

例句：「我能選擇理解你，但前提是你願意提出具體改變計畫，否則我將為我自己設定終點。」

二、記錄「界線被踩過的次數」作為決策依據

例如：三次失聯未解釋→一次冷暴力→一次情緒翻舊帳＝累積情緒債務過重，妳有權拒絕再投入。

三、釐清「改變」是否源於他的責任感，而非妳的情緒施壓

若他每次改變都只發生在妳快走時，那不是改變，那是「戰術型留人」。

四、提醒自己：真正的愛，會讓妳變得更有自我，而非更需要妳隱藏自我

愛若需要妳不斷練習說「沒關係」，那妳該問的不是「要不要再給一次機會」，而是：「我為什麼一次次不給自己離開的機會？」

第四節　妳一次次給機會，其實是在自我否定

愛應該讓妳更有原則，而不是更會讓步

給機會，本來是愛的延伸；但若妳反覆給的，是對方從未珍惜的空間，那就不是愛，是妳在訓練自己接受更差的對待。

下一次想再說「最後一次」，請先想想：「這段關係留下來的，是他，還是我在愛裡一點一滴失去的自尊？」

重複給機會的自我否定循環辨識與中止策略表

給機會語句	背後心理慣性	中止策略建議
我相信他會改	不敢被視為強硬／控制型	要求具體改變與回應行為，不再僅聽口頭承諾
這只是他壓力太大	將關係問題合理化為外部因素	將壓力解釋與行為結果分開思考，拒絕情緒遮掩
我們都需要時間調整	逃避表達真正需求與界線	設定時限與檢核點，並具體列出調整期待
可能是我太敏感了	用自我檢討減少情緒衝突	回到自身感受，尊重感覺而非否定需求
這是最後一次了	語言設限但行動未設終點	寫下實際底線與退出條件，並確實執行

◇ 第九章　妳總是太怕失去，所以從來沒真正擁有過

第五節
妳會被忽視，是因為妳怕被拋下

情感映像：她愈在乎，他愈模糊

張韻如三十一歲，是一位媒體業主管，理性果斷，唯獨在愛情裡總感到無力。她與男友鄭瑋倫交往一年，每次只要瑋倫訊息慢回、約會遲到、對話冷淡，韻如就會過度焦慮——反覆檢查訊息、傳送長文、試圖重建對話節奏。

瑋倫從未說過「不愛」，但總說：「我太忙了，妳別多想」、「我沒忽略妳，只是這幾天心情不好」。韻如一次次壓抑情緒、說服自己是「自己想太多」，但她心裡明白——他沒有主動消失，她卻已經開始自我撤退。

她說：「我不是沒發現他對我越來越冷，但我寧可被忽略，也不要被拋棄。」

第五節　妳會被忽視，是因為妳怕被拋下

妳的「無聲配合」成就了這段模糊關係

常見「被忽視」互動模式與女性行為反應：

他怎麼做	妳怎麼反應	對他有何影響
慢回、不讀訊息	妳繼續傳、補充、猜測	他不需負責任也能維持互動線
約會取消	妳主動換時間或說「沒關係」	他知道他有決定關係節奏的特權
不給明確回應	妳自己解讀為「他太忙」、「他不善表達」	他不必承諾、不需對結果負責
忽略情緒反應	妳先道歉、說自己太敏感	他不需要調整態度，妳自己消化情緒

這不是單方面的問題，而是妳用「忍耐」建構了他可以退場卻不必退出的關係條件。

妳不是不值得被珍惜，而是妳太怕被拋下，所以先放棄了被看見的權利。

為何怕被拋下的女人最容易失去選擇權？

- 妳會習慣壓抑情緒，怕吵架會把他推遠
- 妳會不敢提需求，怕表現出「不夠懂事」
- 妳會過度解讀他的沉默，把冷漠變成妳的責任
- 妳會將「維持關係」當成比「品質」更重要的核心任務

結果就是──妳永遠在線上，但永遠站在門外。

◇ 第九章　妳總是太怕失去，所以從來沒真正擁有過

如何從「怕被丟下」走向「有底氣選擇愛」

一、設立「忽視容忍度」的可量化界線

- 一天不回訊，等待→兩次後不主動聯絡
- 三次敷衍式回應，提出正式溝通請求，無回應即視為退出訊號

→不是翻臉，是建立對「不被看見」的容忍上限。

二、從主動傳遞訊息→轉為觀察對方參與意願

妳可以說：「最近我們互動頻率變低，我會等你有想說話的時候再開啟話題。」

不再用話語緊抓，而是用空間回收自己的重心。

三、建立「情緒可見權」：讓對方知道忽略是有成本的

對方冷淡後不主動找話題、不補溫度，而是用語氣清楚表示：「這樣讓我感覺不到我們是同步的關係。」

→如果他在意，他會調整；如果他無視，那就是妳該終止的信號。

不是他不懂妳，而是妳太怕離開，所以讓他不需要懂妳

妳一直被忽視，因為妳一次也沒讓他知道「忽略會有結果」。

妳怕失去這段感情，所以先選擇失去表達的權利、存在的重量、被

看見的期待。

但真正的愛,不是妳站在出口守候,而是兩個人都走進關係裡,並且彼此確認:「我們都值得被回應。」

被忽視互動模式與自我重建界線策略表

被忽視互動情境	常見錯誤反應	重建界線策略
對方已讀未回／長時間未讀	持續補訊息、解釋或道歉	設立回應停損點:24小時內未回不再補訊,觀察對方主動性
臨時取消約會或不主動聯絡	主動改期並說「沒關係」	兩次臨時取消即提出溝通界線,無改變則調整關係定位
對情緒需求冷回或無回應	壓抑情緒、轉為自責或沉默	明確說出感受並停止自我消化,要求對方回應
不主動談未來,也不回應妳的期待	自我合理化為「他太忙／壓力大」	提出具體未來想法並觀察他是否參與討論,若無視則暫停投入
長期互動敷衍、失聯頻繁	降低互動標準,持續主動配合	記錄互動頻率與品質,設定最低標準並據此調整情感資源分配

◇ 第九章　妳總是太怕失去，所以從來沒真正擁有過

第六節　把情感籌碼拿回來，才能重新定義關係價值

情感映像：她什麼都給了，卻沒有位置

柯芷瑜三十四歲，是一位服裝品牌創辦人，獨立、自信，但在感情裡卻總處於劣勢。她曾說：「我願意陪他創業、借錢、搬家、幫忙做簡報、處理情緒，他也承認我是對他最好的人。」

但當她談到「我們何時結婚？」對方卻說：「我現在不確定自己是不是能給妳想要的。」

她說：「我投資這麼多，他怎麼可以說走就走？」

但真正的問題不是他會不會走，而是──她把情感籌碼交得太早、太多，沒有留下談條件的空間。

什麼是情感籌碼？
是妳「可以給」但「選擇何時給、怎麼給」的能力

情感籌碼包括：

■　時間與情緒陪伴：不是永遠在線上、24 小時配合

第六節　把情感籌碼拿回來，才能重新定義關係價值

- ■ 資源與幫助：不是他說什麼妳就全力支援
- ■ 原諒與退讓：不是他每次錯妳都先說「沒關係」
- ■ 行動與承諾：不是對方沒確認關係妳就先當老婆角色

一旦妳把所有籌碼都在起手牌就壓上，妳就沒有再討論關係價值的籌碼了。

如何知道妳已經失去了情感籌碼？

以下五個行為，是典型的籌碼失控訊號：

妳的行為	他會怎麼反應	長期後果
為了他改變生活節奏	他習慣妳配合而不調整自己	妳失去生活主體性
他不主動時妳補位	他不需承擔互動責任	妳成為維繫者而無回應權
一再原諒不回訊／消失	他更無壓力地忽略妳	妳變成沒有界線的存在
幫忙他處理金錢、情緒問題	他依賴妳但不尊重妳	妳成為情緒勞動與資源出口
沒確定關係前就扮演伴侶角色	他延後承諾，享受關係好處	妳失去進展討論權利

妳說：「我是願意的人啊。」

但問題是——他是否也在用對等的行為，認真回應妳的付出？

◇ 第九章　妳總是太怕失去，所以從來沒真正擁有過

如何收回情感籌碼，重新定義妳的關係位置？

一、停下「先給再說」的反射習慣

不是妳不能愛得大方，而是任何投入前，都要先問自己：「他是誰？值得多少？」

實踐語句：「我很願意支持，但我也需要看到你有同樣認真面對我們的狀態。」

二、設定「投入條件」並勇於說出期待

例句：「如果我們的互動還是這樣模糊，我會慢慢減少投入，因為我需要一段更明確的關係。」

這不是威脅，是妳把情感當成有價值的資源管理。

三、停止補位，開始觀察他是否主動參與

他冷靜、沉默、不主動時，不再自動補上情緒與行動。妳的沉默也是籌碼，能換來真實的反應。

四、衡量「他為妳付出的具體行為」，不是只聽情話

情話不等於投入、陪伴不等於承諾。只有當他也釋出籌碼，妳的籌碼才會被尊重。

第六節　把情感籌碼拿回來，才能重新定義關係價值

> 把情感籌碼拿回來，不是為了計較，
> 而是為了談出價值

一段關係能否走得長久，從來不是看誰更愛，而是看誰能在愛中保持價值感與選擇權。

下一次，妳可以再愛，也可以再投入——但妳要學會：不是他說喜歡妳，妳就交出全部，而是要看他的行為，決定妳願意給多少。

情感籌碼過度投入對照與價值重建策略表

過度投入行為	常見後果	價值重建策略
為他改變生活節奏與日常安排	失去個人節奏，成為配合者	保留自我節奏，評估他是否同步參與
主動補位他未回應的訊息與互動	互動責任落單，對方習慣被照顧	減少主動頻率，觀察對方回應品質
一再原諒不解釋的失聯或冷處理	界線模糊，失去自尊與價值感	設定原則：相同錯誤三次即重新評估關係
過早提供金錢、情緒或實質支持	對方依賴妳，卻不給相應承諾	支持前先確認對方是否同樣投入感情與責任
未定義關係就扮演穩定伴侶角色	失去進一步發展的談判位置	關係明確前保有界線，避免情感角色過早定位

◇ 第九章　妳總是太怕失去，所以從來沒真正擁有過

第七節　從內在建構安全感，才是妳戀愛策略的核心武器

> 情感映像：
> 她不再焦慮對方回不回，而是穩定自己

　　劉姿妤三十二歲，是一位行銷企劃主管，過去戀愛總有強烈的控制欲。她需要對方即時回訊、常常報備、給出承諾，否則她會覺得心裡沒底、坐立難安。

　　但即使對方配合一段時間，最終還是會覺得壓力大，開始退縮，關係也因此一再破裂。

　　直到她接受心理諮商後，才意識到：她要的不是對方的配合，而是對自己內心不確定感的安撫。

　　後來的她學會放手、觀察、接受延遲、不再反射式焦慮。她說：「當我開始能照顧自己，我就不再需要別人為我情緒負責。」

第七節　從內在建構安全感，才是妳戀愛策略的核心武器 ◇

> 妳不是需要他讓妳安心，
> 而是需要自己撐得起那份「穩」

安全感失衡時常見的錯誤反應與後果：

妳的行為	表面動機	實際後果
要求他多回訊	想建立連結	他覺得被催促，開始逃避
遇到冷淡立刻追問	想確認關係還在	他反感妳情緒化，關係緊繃
提早談未來／定義關係	想要方向感	他覺得壓力大，開始設防
妳越來越小聲，只為配合	想避免衝突	他對妳越來越無感

妳其實不是錯，而是誤把外在反應當作安全的來源，卻忽略了內在才是穩定的根基。

內在安全感的三大養成系統

一、情緒自我回應機制：讓妳不再依賴對方穩住自己

- 焦慮來時不馬上傳訊息，而是先記錄感覺
- 寫下當下的情緒、觸發點、行為衝動，再決定是否行動

範例語句：「我現在感到不安，但我會先消化這份感覺，再決定怎麼處理關係。」

二、認知停損邏輯：用邏輯中斷過度解讀與幻想

當對方冷淡時，不再預設「是不是我做錯什麼」，而是說：「我要根據行為而非感覺來判斷關係。」

◇ 第九章　妳總是太怕失去，所以從來沒真正擁有過

建立一句理性錨點：「他回應的品質，才代表他對這段關係的投入。」

三、自我情緒補給系統：讓快樂與穩定不靠他來施捨

- 每天安排一件與關係無關、但能讓妳有成就感的事
- 設定自己的節奏與行程，而非等待他來決定互動安排

讓妳在關係之外，仍然有充足的心理營養與情緒出口。

安全感不是他給的，是妳養出來的

當妳能在他晚回訊息時，不焦慮；

在他不講話時，不懷疑自己；

在互動模糊時，不靠幻想撐場——

這時的妳，才是真正擁有情感力量的人。

妳不需要他來證明妳值得，只需要自己知道：「我穩得住，所以我能選擇誰可以靠近。」

內在安全感養成三系統實踐指南表

系統名稱	核心功能	實踐策略	穩定效應
情緒自我回應機制	處理焦慮當下，不靠對方立即回應也能安住情緒	焦慮來時先記錄感覺，不立即傳訊，練習延遲反應	減少情緒過度反應與關係依賴，提高自主性

第七節　從內在建構安全感，才是妳戀愛策略的核心武器 ◇

系統名稱	核心功能	實踐策略	穩定效應
認知停損邏輯	中斷過度解讀與幻想，改用行為證據評估關係	建立語言錨點：「根據行為，不靠感覺判斷關係」	提升決策品質，不再受主觀臆測牽引情感投入
自我情緒補給系統	提供非關係來源的穩定感，強化獨立心理能量	每天安排一件與對方無關但具成就感的行動	即使互動冷卻，內在仍能產生穩定與正向感受

◇第九章　妳總是太怕失去，所以從來沒真正擁有過

第十章

學會一個人不委屈，才配擁有不費力的愛情

◇ 第十章　學會一個人不委屈，才配擁有不費力的愛情

第一節
妳不是不懂男人，是不敢面對自己的選擇

情感映像：她早就知道答案，只是不敢承認

　　高郁璇三十歲，是一位策略顧問，在工作裡擅長分析、預測與精準判斷，但一遇到愛情，邏輯彷彿消失。

　　她與陳紹宇交往九個月，從第三個月起她就發現：

- 他只回他想聊的話題，對她的情緒反應總是淡淡的
- 他說「不想被定義」，但卻享受她的投入與照顧
- 她每次想談未來，他都說：「不要這麼急，好好享受現在就好」

　　郁璇說：「我其實知道這段關係有問題，但我說服自己再看看。」

　　直到有天他說：「我還是不確定要不要定下來。」她才承認──她不是不懂他有問題，是她一直不敢面對，自己選擇了一個根本不會給她未來的人。

妳不是看不出來，而是「不想承認自己看出來了」

根據美國心理治療師蘿莉・戈特利布（Lori Gottlieb）研究指出：女性在親密關係中對「風險特徵」的辨識其實非常靈敏，問題往往出在「延遲接受現實」的傾向，因為一旦承認錯誤，就等於要開始面對失落、結束與改變。

這不是妳不聰明，是妳太害怕承認自己「投資錯了」。

他做的事	妳的直覺	妳選擇說服自己的理由
他一直說「我不想被綁住」	他沒有要跟妳穩定發展	「他只是怕被壓力綁住」
他對妳的情緒總是冷處理	他不在乎妳的感受	「他是理性的人，不擅情緒表達」
他很少安排見面或聯絡	他沒有積極經營這段關係	「他工作太忙，等穩一點就會改善」
他避談妳的未來規劃	他根本沒打算讓妳進入他的未來	「現在這樣也不錯，不一定要講清楚」

這些解釋都不是客觀事實，而是「選擇維持關係」大過「選擇尊重直覺」的情感自保策略。

面對錯誤選擇的三大自我保護機制（卻也是陷阱）

1. 理性掩護法

用邏輯說服自己：「他沒壞，只是不適合承諾」、「現階段他就是這樣，不能逼太急」

◇ 第十章　學會一個人不委屈，才配擁有不費力的愛情

→問題是：妳的需求早就明確，只是妳不願對齊需求和選擇之間的落差。

2. 比較降級法

妳會說：「至少他不劈腿／不暴力／有在工作」

妳不是在看他有多好，而是在降低自己的期待以合理化自己的選擇。

3. 投資焦慮法

因為已經付出時間、情感、陪伴，妳不願「看清」會等於「被迫收手」

→妳不是愛他，是不甘心付出得不到回報。

建立「選擇意識」比識人更重要

妳應該這樣問自己：

- ■「我知道這樣下去結果是好的嗎？」
- ■「我是不是為了不想承認失敗，而繼續配合一個不健康的互動？」
- ■「我是否在用『等待他變好』逃避『我該離開』的選擇？」

選擇錯，不可恥；堅持錯的選擇才會讓妳在愛裡失去尊嚴。

第一節　妳不是不懂男人，是不敢面對自己的選擇 ◇

真正成熟的愛，是敢對自己的選擇負責

　　女人不需要懂很多男人，只需要懂得當妳感到痛苦、耗損、反覆妥協時，那就不是對的選擇。

　　停止說服自己他會變好，開始問自己：「我願意一直這樣過嗎？」

　　當妳願意承認妳選錯了，妳才有機會—— 選擇回到愛自己的軌道上。

錯誤選擇的心理自我掩護辨識與斷開策略表

自我掩護語句	背後心理機制	斷開選擇錯誤的策略建議
他沒壞，只是不適合談承諾	理性掩護法：用邏輯合理化內心不安	明確對齊自己的需求與實際得到的行為
他只是工作太忙，不是不在乎我	情感轉移法：用他外在壓力取代面對互動失衡	設定觀察期與實際行動指標，評估他的真實投入
至少他不像前任那樣糟	比較降級法：降低期待以維持現有結構	停止與過去比較，回到當下這段關係的品質評估
現在這樣也不算差，我就再看看	舒適迴避法：逃避做出結束與改變的決定	寫下「我值得的關係特徵」，與當前狀況對照
我已經投入這麼多了，不能放棄	投資焦慮法：不甘心已投入成本白費	承認損失，允許自己撤退，不等於失敗而是成熟

289

◇ 第十章　學會一個人不委屈，才配擁有不費力的愛情

第二節
「總是愛錯人」不是命，是潛意識在作祟

情感映像：
三段戀情，不同臉孔，卻是同一種痛

　　吳奕婷三十三歲，是一位生活風格作家。她談過三次戀愛，男友的職業、外型與背景都不相同，但有一個共通點──一開始都非常熱情、主動、會說愛，幾個月後就開始忽冷忽熱、迴避溝通、拒絕承諾。

　　每次分手，她都對自己說：「我真的是很會遇到錯的人。」但當第三次分手後，她朋友提醒她：「妳不是遇錯人，是妳每次都選一樣的『類型』。」

　　奕婷開始做心理諮商，才發現──她總是被「需要她照顧、但從不真的靠近」的男人吸引，而這樣的關係模式，早在她童年就被植入。

為什麼妳總選錯人？因為潛意識在「尋找修復」

常見的潛意識吸引模型：

妳的潛在情感記憶	妳選擇的對象特徵	妳的互動反應
小時候父母忽冷忽熱	容易忽視妳、情緒不穩定的伴侶	妳會更努力證明自己值得被愛

第二節 「總是愛錯人」不是命，是潛意識在作祟

妳的潛在情感記憶	妳選擇的對象特徵	妳的互動反應
總被要求懂事、不吵鬧	壓抑情緒、不說心事的伴侶	妳習慣讀空氣、壓抑需求
情緒常被否定或忽略	不擅表達、不回應妳情緒的對象	妳習慣先安撫對方情緒來換取關注

→妳不是愛錯人，而是被「情感熟悉感」拉回一場內在修復工程，試圖透過愛情「改寫過去沒完成的安全感」。

潛意識吸引不是愛的命運，而是未解的課題

「總是愛錯人」的五大潛意識訊號：

- 對冷淡、忽視型伴侶特別著迷
- 把情緒不穩定視為「真性情」
- 把自己的付出視為愛的必要條件
- 每次分手後覺得「我還不夠好」
- 覺得「我只能吸引這種類型的人」

這些訊號告訴妳──問題不在他們身上，而在妳的「愛之地圖」還沒更新。

◇ 第十章　學會一個人不委屈，才配擁有不費力的愛情

如何覺察並重設妳的「情感吸引模型」？

一、寫下妳過去三段戀愛的相似點

- 他們的回應方式是否都慢？
- 他們是否都避免承諾？
- 妳在關係裡是否都成為主動的一方？

從行為與互動角度出發，找出模式，而非人名。

二、釐清「妳愛上他哪一點」，並追問「這點讓妳感覺像誰？」

例如：妳說妳愛他的「安靜與沉穩」，其實是妳童年時父親的樣子——少語，但權威。這讓妳習慣「主動靠近、等待被回應」，而非互動對等。

→記住：吸引不代表適合，熟悉不等於安全。

三、重新定義「愛的條件」

從：

- 「他讓我心動」
- 「我覺得我要努力配合他」
- 「他雖然不完美，但有某種特質我離不開」

轉變為：

- 「他能和我一起對話」

第二節 「總是愛錯人」不是命，是潛意識在作祟 ◇

■ 「我可以在他面前保有情緒而不被否定」
■ 「這段關係能讓我更穩定、更自在，而非更焦慮」

愛錯人不是妳的宿命，是妳可以重寫的慣性

當妳說「我總是愛錯人」，妳其實是在說：「我還沒學會選擇會對我好的那種人。」

妳不是注定要重複傷害，只要妳願意停止「熟悉感＝愛」的潛意識操作，妳就能開始為自己創造全新的情感模式。

下一次愛之前，請先問問自己：「我愛的是這個人，還是這段劇本？」

潛意識吸引模型覺察與轉化策略表

潛意識吸引模式	潛藏心理來源	覺察與轉化策略
被情緒冷淡或忽視型伴侶吸引	童年被父母忽略，渴望透過愛補回被看見的感覺	辨認冷漠不是深情，學會欣賞回應型互動者
對不給承諾的對象特別著迷	原生家庭缺乏穩定關係經驗，抗拒明確承諾	練習與主動定義關係者接觸，觀察內在抗拒點
容易喜歡需要自己照顧或拯救的人	習慣在照顧中換取價值與被需要感	問自己：這是關係，還是我在當對方的父母？
習慣為關係付出很多才感覺安心	將愛與犧牲畫上等號，否則會不安	建立不用過度付出也能安心的互動方式
把對方的疏離解讀為挑戰與機會	將關係當成成就挑戰，不當作互動平衡	從互動平等、可預測的人際關係中建立安全新模板

293

◇ 第十章　學會一個人不委屈，才配擁有不費力的愛情

第三節　恐懼孤單，就容易過度執著

情感映像：她說她愛他，其實她只是怕一個人

彭湘宜三十二歲，擁有穩定的工作與人際圈，卻總是在感情中顯得特別脆弱。她與男友分手後仍不斷傳訊、打電話、找機會見面。她說：「我知道他對我沒感覺了，但我就是無法放手。」

她問過心理師：「這樣算是愛嗎？」心理師回她：「你不是愛他，你是不知道除了他，你還能靠誰。」

那一刻她才明白，她所謂的愛，不是深情，而是深怕自己一個人。

妳以為是愛，其實是孤單在作祟

恐懼孤單與執著戀愛的心理連結如下：

妳的感覺	妳的行為反應	內在動機	關係結果
一想到分手就焦慮	一再聯絡、不肯離開	害怕沒人陪、怕失去存在感	關係變成單方耗損
他冷淡妳就更黏	用付出換留住對方	透過對方回應肯定自己存在價值	自我越來越空虛
覺得沒他就活不下去	放棄原則、無限退讓	將「有伴」視為唯一安全感來源	變成依賴型互動

第三節　恐懼孤單，就容易過度執著

這些反應不是愛的證明，而是妳的「孤單恐懼」將對方當作暫時性的心理安慰品。

為何恐懼孤單會讓妳一次次選擇錯的人？

一、妳不是選對象，是選「陪妳的人」

→只要他不走，只要他回應，妳就會抓緊，不管他是否尊重妳、照顧妳、看重妳。

二、妳誤把「有人在」當作「被愛」

→對方即使冷漠、忽視、傷害，妳仍會說：「但他至少沒有離開。」

其實，他只是沒開口走，妳卻早已被情感放逐。

三、妳無法承受「沒有角色」的空白

→在關係裡，妳是女朋友；一旦結束，妳會覺得自己「失去身分」，彷彿不被愛就不完整。

如何修復「怕孤單就執著」的情感迴路？

一、練習與自己共處，擴大「獨處的心理容量」

- 安排一週一日不與人約會，而是自己看電影、散步、閱讀
- 寫下「一個人完成」的三件事，並從中覺察「我不是不能一人生活」

◇ 第十章　學會一個人不委屈，才配擁有不費力的愛情

二、建立「我不是靠關係存在」的心理語言

　　每日自我肯定練習：

- 「我即使單身，也依然有價值」
- 「我值得健康而非勉強的關係」
- 「愛不是避免孤單，而是共創快樂」

三、分辨「不想失去他」還是「不想面對寂寞」

　　自問：「如果我現在有一群陪我旅行、學習、成長的朋友，我還會這麼黏他嗎？」

　　若答案是「不會」，那妳該修的不是愛情，是孤單的情緒修復力。

害怕孤單不是錯，但拿一段關係填補它，是錯的方式

　　愛應該建立在完整而非補洞。

　　當妳學會一個人也能安心，妳才有能力說 —— 我要的不是有人留下來陪我，而是有人願意一起走下去。

恐懼孤單型執著行為與情緒修復對應策略表

執著行為表現	背後恐懼心理	修復策略建議
分手後反覆聯絡對方不願放手	害怕失去情感連結就失去存在感	實施無聯絡日，逐步重建內在穩定
對方冷淡時主動加倍付出	怕被拋棄，不被需要就覺得無價值	減少主動頻率，觀察對方是否主動補位

第三節　恐懼孤單，就容易過度執著

執著行為表現	背後恐懼心理	修復策略建議
明知不適合仍無法離開關係	依賴關係角色來界定自我定位	設立離開指標：如情緒無回應次數達三次
對方傷害後仍選擇原諒並繼續等待	將離開視為失敗與自我否定	寫下「我值得被怎麼對待」的關係條件清單
將「有人陪」視為比關係品質更重要	無法忍受獨處帶來的寂寞與空白	培養獨處習慣，每週安排1～2次個人時光練習

◇ 第十章　學會一個人不委屈，才配擁有不費力的愛情

第四節
別再用「他也有優點」掩飾妳的不甘

> 情感映像：
>
> 她說「他其實不壞」，但眼淚從沒停過

　　林盈潔三十四歲，是一位小學教師，外表堅強，內心卻總為愛受傷。她與男友分手三個月了，但仍每天盯著他社群更新、反覆翻閱訊息、深夜落淚。

　　朋友問她：「他對妳那麼差，妳到底還在等什麼？」

　　她總說：「他也有很多優點啊，比如他孝順、有上進心、也沒有外遇，只是他不太會說話、不太關心我而已。」

　　但實際上，他從沒主動帶她見家人、從不參與她的情緒、也從未給過未來承諾。

　　她說的是優點，卻活在痛裡。因為她不是放不下他的好，而是放不下自己曾經為這段關係付出的一切。

第四節　別再用「他也有優點」掩飾妳的不甘 ◇

「他也有優點」的五大假象語句與心理動機

假象語句	實際問題	背後心理動機
「他對朋友很講義氣」	對妳卻忽略、不負責任	妳用他的「他人面前的好」來補償妳的孤單
「他很孝順啊」	對妳的家庭毫不關心	妳以為他對家人好就代表他會成為好伴侶
「他很努力在工作」	沒時間經營關係，情緒常缺席	妳不想面對他對妳沒投入這個事實
「他沒做出過分的事」	但也從沒做過妳真正需要的事	妳用「沒有錯」來合理化「沒有愛」
「他不是壞人」	可他讓妳一直不快樂	妳分不清「不壞」≠「適合」

這些話看似客觀，其實是妳在保護自己的決定不被全盤推翻。

妳不是放不下他的優點，而是放不下自己的努力

妳說：「我都陪他過低潮了，現在怎麼能放棄？」

妳不是不懂這段關係讓妳失望，而是不甘心那些陪伴與付出沒有「結果」。

這是典型的「沉沒成本謬誤」（sunk cost fallacy）——妳捨不得放下，不是因為這段關係還有希望，而是因為妳不想承認自己曾選錯。

◇ 第十章　學會一個人不委屈，才配擁有不費力的愛情

如何停止用優點掩蓋不甘，走出情緒耗損？

一、寫出他的「優點」，對照他對妳的實際行為

例如：

- 優點：有責任感→行為：常說會做但從不兌現
- 優點：溫柔→行為：面對妳的情緒總是沉默或逃避

→問自己：「這些優點，妳真有被對待過嗎？還是妳只是看到他對別人的好？」

二、區分「人品」與「關係價值」

他不是壞人，不代表他就是妳的對的人。

一個人品好、不欺騙、努力工作，可以是好同事、好鄰居、好哥哥，但不一定是好男友。

三、接納「努力也可能沒有成果」這件事

愛情不是付出就有回報的線性系統。

妳做得再多，他若沒有心，妳就只是單方面演出。

真正成熟的放下，是承認：「我做得夠了，但這段關係就是不適合我。」

第四節　別再用「他也有優點」掩飾妳的不甘

> 妳不是要否定他的優點，
> 而是不要用他的優點繼續背叛妳的感受

妳當然可以承認他有好處，但請記得問：「那他有沒有讓我在關係裡成為更完整的人？」

妳值得的是一段讓妳安心、被重視、有回應的愛，而不是一段需要妳不斷提醒自己「他也沒那麼差」的關係。

合理化語言與自我覺察對照表

常見合理化語句	表層解釋	關係真相覺察	覺察後行動策略
他對朋友很講義氣	他應該有情感能力，只是對我暫時沒展現	他對朋友好，但無法親密回應我的需求	停止拿他對別人好的行為替代他對我的冷淡
他很孝順	他對家人好，就可能也會照顧我	他只選擇性地付出，不代表我被尊重	將感受擺回評估標準，不再只看道德價值
他很努力在工作	他太忙沒時間顧感情不是他的錯	他把事業放前面，卻沒留下空間給我們	觀察他是否主動經營，而非我一廂情願等待
他沒做出過分的事	他沒有明顯犯錯，我不能太嚴格	沒傷害不代表有愛，更不代表有回應	允許自己設定「無愛也要離開」的底線
他不是壞人	他人品不差，我不能否定他的全部	人品好≠適合，不能拿善良遮蓋失落	釐清「好人」≠「好對象」，選擇對我有行動的人

◇ 第十章　學會一個人不委屈，才配擁有不費力的愛情

第五節　獨處，是練習愛的最高段位

情感映像：她從沒人陪，到能陪自己

陳芝綾三十五歲，是一位自由文字工作者。過去十年，她總是處在戀愛中——不是在戀愛，就是在剛分手、正在等對象、曖昧不明的邊緣。

她說：「我以前很怕週末沒有人一起吃飯、假日一個人逛街會被人覺得可憐。」

直到三十二歲那年，她經歷了一段極度操控型的感情，分手後她決定不再急著開始新戀情，而是學習和自己好好相處。

她開始一個人旅行、一個人看展、一個人下廚、甚至一個人搬家。她說：「一開始會想哭，後來我發現——原來自己可以讓自己過得這麼好。」

為什麼不會獨處，就容易愛錯人？

妳的行為	表面動機	深層原因	關係風險
分手後立刻尋找新對象	不想浪費時間	害怕面對情緒空白	容易投射期待、進入關係過快

第五節　獨處，是練習愛的最高段位 ◇

妳的行為	表面動機	深層原因	關係風險
覺得一個人生活很空虛	渴望熱鬧陪伴	缺乏內在支持系統	容易容忍錯的人來填補情緒洞
總需要有對話對象	喜歡分享生活	無法自我調節與整理思緒	情感依賴度高、失衡風險大
認為單身是不完整	期待雙人世界	用關係定義價值感	易被語言哄騙、快速陷入關係

→不會獨處的人，不是在找愛，是在逃避面對自己。

獨處的四個心理階段轉變

1. 不習慣→感到空虛

妳會感覺安靜是一種壓力，甚至會認為「沒人找我是不是代表我沒價值？」

2. 抵抗感→情緒浮現

開始出現悲傷、寂寞、不安感，這是過去從未處理的孤單記憶開始浮現。

3. 接納感→自我重新定位

妳開始接受「不是所有時候都要被聯絡」，並發現自己在做事、創作、生活中其實能享受安靜。

4. 自在感→獨處變成充電而非耗損

妳開始喜歡一人吃飯、一人看劇、一人決定去旅行，這不是拒絕關係，而是 —— 我已經不需要用關係證明自己存在的價值。

◇ 第十章　學會一個人不委屈，才配擁有不費力的愛情

如何練習獨處，強化「情緒自給」能力？

一、設立「獨處日」

- 每週安排至少一天不與朋友聚會、不依賴社交刺激
- 嘗試做：自己去書店、去咖啡廳看一本書、去看一場電影

二、創建「個人儀式感」

- 早起煮咖啡、寫日記、整理心情清單
- 讓自己知道：我可以讓生活有溫度，不需要等人來給氣氛

三、避免用「社交補償」來逃避空白

- 停止依賴通訊軟體填空
- 練習一段時間不滑訊息、不主動找人聊天，觀察自己的身體與思緒反應

四、寫下「我一個人完成的 10 件事」

- 並為每一件事寫下一句：「我做到了，我可以。」

這些紀錄會成為妳的內在安全圖騰。

能一個人過得穩的妳，才有能力愛得穩

真正成熟的愛，是從「妳不是非要誰」開始。

當妳不再害怕空白、不再把關係當作生存條件，而是當作選擇與共鳴，妳才會愛得清楚、選得冷靜、走得穩定。

妳值得的愛，不該來自於害怕沒人愛，而是來自於——妳知道自己，無論一人或兩人，都不會掉進不安裡。

獨處心理四階段轉化與實踐行動對照表

心理階段	心理狀態描述	實踐行動建議	行為轉化目標
不習慣	感到空虛、焦慮、覺得沒人找我＝我不被需要	設定每週一天不社交，記錄當天的心理感受	不再將社交等同於價值感
抵抗感	出現悲傷與不安，開始面對過去孤單記憶	書寫日記，釐清情緒來源與過去經驗連結	能面對情緒而非逃避
接納感	能接受安靜、不再強求互動，開始有自我陪伴能力	建立個人儀式感（如晨起拉筋、固定閱讀）	獨立決策、自我照顧意識提高
自在感	喜歡獨處並感受到能量，視其為充電而非耗損	主動安排一人旅行、一人餐廳，培養穩定感	以自我為中心定義生活節奏與情緒主權

◇第十章　學會一個人不委屈，才配擁有不費力的愛情

第六節
妳夠穩定，才能吸引成熟男人靠近

情感映像：她不追問了，卻反而更被在乎

　　曾韻汝三十歲，是一位心理輔導老師。過去談戀愛時，她總是很積極、很關心、很配合，但也總是愛得太用力，最後對方都會說：「我覺得妳太壓迫，我喘不過氣。」

　　後來的她開始學會，不再事事主動、不再試圖讀懂所有細節、不再為不確定的訊息煩惱。

　　她說：「我以前把焦慮當作愛的強度，現在我知道——穩定，才是愛的溫度。」

　　如今的她更常遇見願意投入、成熟穩重的男性，也因為她不再要求，而更被尊重與回應。

不穩定的妳，會吸引「短期刺激型伴侶」

情緒波動大的互動模式：

妳的行為	他會如何反應	關係長期後果
一天內傳訊好幾次要求回應	他感到壓力，開始閃躲	妳焦慮→他退→妳更焦慮
時常檢查他行蹤與話語細節	他覺得不被信任	互動停留在表面與試探
一有爭執就情緒反應劇烈	他學會避開妳的情緒	妳無法解決問題，只能累積委屈
過度解釋自己的需求	他視妳為情緒過載對象	對方選擇關掉耳朵，關係疲憊無力

這些反應不是「妳太情緒」，而是妳把安全感外包給對方，導致自己無法保持主體。

成熟男人在尋找什麼？
不是妳多好，而是妳有多穩

成熟伴侶最在乎的五件事：

- 妳是否能清楚說出需求，而不是情緒投射
- 妳是否可以冷靜討論，而不是激烈辯解
- 妳是否能接受界線，而不會反覆測試
- 妳是否有自己的節奏，而不是把他當唯一重心

◇ 第十章　學會一個人不委屈，才配擁有不費力的愛情

■　妳是否能獨處，也能選擇靠近，而不是只會黏著

　　→成熟的他，不會追逐激情，而是渴望共享穩定。

如何讓妳成為「穩定型吸引力」的對象？

一、建立情緒節奏感：不要什麼都立刻回、立刻問

■　等訊息回應，不如等情緒沉澱

■　練習回應前先問：「我現在是想要確認關係，還是只是想發洩情緒？」

二、設下互動界線：越界時不爆發，而是溫和但堅定地說出底線

　　例句：「這樣的對話方式讓我感覺不被尊重，我希望我們可以好好溝通。」

三、用觀察代替預設：讓他的行動決定妳的回應節奏

■　不再問：「你愛不愛我？」

■　而是觀察：「他有沒有在日常表現出一致性？」

四、保留自我空間：愛他，也要繼續培養妳的人生亮點

■　有妳自己的朋友圈、興趣、工作節奏

■　有時，不回訊息不是冷漠，是生活很飽滿

第六節　妳夠穩定，才能吸引成熟男人靠近

> 真正會靠近妳的人，不是因為妳配合得好，
> 而是因為妳夠穩

在不穩的人面前，只有幼稚的愛能存活；

但在穩定的人身邊，真正成熟的愛會自然成形。

當妳停止用焦慮尋愛，開始用穩定選愛，

那些願意與妳共構深度連結的對象，就會慢慢靠近。

情緒穩定型女性吸引力對照與行為養成策略表

穩定吸引力特質	常見不穩定行為對照	養成行動策略
清楚表達需求，而非透過情緒測試	暗示式抱怨、不講明想法	練習用「我覺得……我需要……」陳述法溝通
情緒波動低，能理性討論問題	爭執中情緒爆炸、哭鬧取代溝通	情緒升高時先深呼吸，延後10分鐘回應
尊重界線、不反覆測試對方反應	故意冷淡或逼問以測試關係	設定明確界線並溫和堅持，不用沉默抗議
擁有自己的生活節奏與重心	把對方當情緒支柱、時刻需要回應	每週保留2天做自己喜歡的事，不涉及對方
能獨處也能選擇親密，不黏、不追	害怕沒人理會、不敢讓關係冷卻	建立自我肯定語言：「我值得被選擇，不需追著被要」

◇ 第十章　學會一個人不委屈，才配擁有不費力的愛情

第七節
選擇他之前，請先確認：妳值得被選擇

情感映像：她說她終於學會，先挑對自己

簡宛萱三十六歲，是一位品牌顧問，曾歷經兩段失敗的感情。過去她總是急著確認對方條件夠不夠好、適不適合、能不能安定下來。

她花很多時間「評估對方」，卻從未問過自己：「我是不是真的知道，我自己值多少？」

直到她經歷情緒崩潰、事業危機與關係瓦解，她才開始重新整理自己。

她說：「後來我才懂，選誰之前，要先搞清楚自己是不是已經站在值得被選的位置上。當我知道自己有價值，就不會再進入那種乞求愛的戀愛劇本了。」

妳不是在等人挑妳，是在決定誰能與妳並肩而行

錯誤的戀愛起點：

妳的思維	結果
「我這樣會不會太要求？」	不敢設標準，進入無界線關係

第七節　選擇他之前，請先確認：妳值得被選擇 ◇

妳的思維	結果
「我是不是要再包容一點？」	持續容忍，喪失自我定位
「他願意選我嗎？」	拋下原則，拚命配合，成為附屬者

正確的戀愛起點：

妳的思維	結果
「我想要什麼樣的互動與相處方式？」	設下清晰界線，建立對等關係
「我的情緒是否被接住？」	用感受決定價值，不被語言欺騙
「他是否讓我在關係裡成為更好的我？」	愛讓妳成長，而不是自我消耗

> 妳值得被選擇，不是因為妳很乖，
> 而是因為妳很清楚

真正高價值的女性，會這樣設條件：

- 「我不接受被忽略，即使他說他愛我」
- 「我需要被回應，而不是自己安慰自己」
- 「如果他不談未來，那這段關係不值得我等待」
- 「我可以單身，但不能在關係裡被消磨」

這不是自以為是，而是一種價值篩選機制。

◇ 第十章　學會一個人不委屈，才配擁有不費力的愛情

如何建立「被選擇價值感」的內在準則？

一、寫下妳的「價值感來源地圖」

- 哪些行為會讓妳覺得自己有價值？
- 是被稱讚、被依賴、還是被需要？

　→如果妳的價值完全來自「他怎麼對妳」，那妳的選擇能力將被情緒綁架。

二、列出「我願意等待、但不願意接受」的項目

- 願意等待溫柔回應，但不接受冷漠不理
- 願意等待同步步調，但不接受承諾模糊
- 願意配合他的進度，但不接受關係零進展

三、建立妳的「選擇資格篩選表」

- 他有穩定回應嗎？
- 他會照顧妳的情緒嗎？
- 他尊重妳的節奏嗎？
- 他願意參與妳的生活嗎？
- 他是否讓妳變得更好、更安心？

　→如果超過三項答案是否定的，請妳也要勇敢不選擇。

第七節　選擇他之前，請先確認：妳值得被選擇 ◇

知道自己值得，是妳最強的戀愛武器

　　愛不是把妳擺上貨架讓人挑，而是妳穿上妳的價值，站在妳的光底下說──「我很清楚，我配得上更好的選擇。」

　　從今天起，不再問「他要不要我」，而是先問自己：「這個人，有沒有資格參與我的人生？」

高價值自我定位檢核表

檢核面向	高價值行為表現	自我提問檢核句
情緒表達	能明確說出需求與情緒，不靠暗示或測試	我今天有為自己的需求說出口嗎？
界線設定	有清楚的界線，一旦被踩就能堅定回應	我是否有明確回應對方越界的行為？
互動品質	重視互動一致性與回應品質，而非言語包裝	這段互動讓我感覺被重視還是被敷衍？
自我價值感來源	價值感來自自我認可與生活成就，不倚賴對方態度	我最近的快樂來自我自己，還是他回不回我訊息？
戀愛定位	不急於成為誰的誰，而是確保對方配得上妳的生活	我在這段關係裡有沒有失去自我主體性？
選擇權意識	擁有選擇權，能理性地決定誰能留下、誰該離開	我是否還記得，我可以選擇不被對待成這樣？

313

◇第十章　學會一個人不委屈，才配擁有不費力的愛情

第十一章
他口口聲聲愛，
卻步步讓妳失去判斷

◇ 第十一章　他口口聲聲愛，卻步步讓妳失去判斷

第一節
他說他只是沒錢，不是騙妳的錢？
小心情緒勒索型經濟操控

情感映像：一句「妳懂我」就讓妳付出了全部

曾佳欣是一位三十二歲的護理師，收入穩定、生活自律、情感真誠。她遇到李政諺時，對方剛好正處在「人生低潮期」：失業、創業失敗、房租繳不出來、與家人疏遠。

一開始，佳欣只是幫他訂便當、借他通勤費，後來開始幫他繳房租、墊手機費，甚至幫忙支付創業貸款的第一筆保證金。她安慰自己：「他不是故意依賴我，他只是運氣不好。」

但當她偶爾提到金錢壓力時，政諺卻總說：「妳這樣講，好像我都是來占妳便宜一樣。」或「我以為妳是懂我的人，不會拿這些來衡量我們的感情。」

有一天她終於醒悟：這段「感情」，從頭到尾只有她在付出，而他卻用一句句「情緒話術」讓她連開口討論都變成罪過。

她不是被詐騙，而是被他用「沒錢，但有心」這種說法，設計成一段不對等的金錢依賴關係。

第一節　他說他只是沒錢，不是騙妳的錢？小心情緒勒索型經濟操控 ◇

為什麼「沒錢」不是問題，但「讓妳不敢討論金錢」才是問題？

　　一段健康的戀愛關係，金錢可以不對等，但權力與情緒不能不對等。問題不在於他沒錢，而在於他讓妳無法討論、讓妳內疚、讓妳被道德綁架，最終使妳變成一位不敢說「我也有壓力」的提款機。

　　情緒勒索型經濟操控的語言特徵：

他說的話	妳的反應	實際操控邏輯
「我不想欠你，但現在真的只能靠你」	妳心疼而自願支持	將妳變成他唯一的出路，形成道德綁架
「我會還，只是現在手上真的很緊」	妳給了錢卻不好意思催	利用未來式讓妳無限延期收回主導權
「我從沒對你說過假話，你還要懷疑我？」	妳開始懷疑自己是不是太現實	將質疑反轉成妳的道德缺陷
「妳這樣不相信我，那我們是不是沒未來？」	妳不敢再談金錢問題	將討論金錢＝質疑愛情

　　這種話術不是詐騙技術高明，而是妳的內疚機制被他牢牢拿捏。

妳不是被騙錢，而是被操控妳的「好心與想共度未來的想像」

　　妳以為他在經歷過渡期，所以願意陪他撐過去。

　　妳以為他很努力，只是運氣不好。

◇ 第十一章　他口口聲聲愛，卻步步讓妳失去判斷

妳以為愛情裡不應該斤斤計較錢。

但妳沒發現，真正讓妳卡住的，不是金額的多寡，而是妳已經被情緒框住不敢討論錢的「沉默默契」。

當一個人開始用「你不夠支持我＝你不夠愛我」這種話術時，妳就要提高警覺。

經濟操控型對象的三大心理輪廓

自我受害定位者

經常將自己呈現為「被命運打敗的人」，妳一旦拒絕，就等於加害者。

情緒話術操縱者

善於將妳的質疑轉化為情緒指控，讓妳羞愧、退縮、不敢談現實問題。

資源轉化者

他從不說「妳要給我什麼」，但妳會發現妳給了他很多，卻不知從何開始收回。

第一節　他說他只是沒錢，不是騙妳的錢？小心情緒勒索型經濟操控 ◇

妳可以幫助一個人，但不應該讓「幫助」變成讓妳沒尊嚴的代價

真正健康的伴侶會：

- 接受妳有條件的幫助，並主動討論償還或感謝方式
- 願意一起解決問題，而不是只讓妳補位
- 在有壓力的時候，還是會體貼妳的情緒與負擔

但操控型伴侶，只會讓妳的付出變成一種羞愧感與情緒負債。

妳該怎麼做，才能保護自己的金錢與心理界線？

一、設定「非附帶條件」的幫助界線

- 任何金錢支持都必須白紙黑字、說清楚
- 不接受「先給再談」的模糊話術
- 所有協助需有期限、有歸還或替代回應機制

二、練習說「我有壓力，我需要對等」

- 妳可以這樣說：「我知道你難過，但我也有情緒與壓力。這段時間我真的撐得很吃力，這樣的付出我需要被重視。」

這不是不體貼，而是讓對方知道：愛不是你單方面消耗我。

◇ 第十一章　他口口聲聲愛，卻步步讓妳失去判斷

三、建立「付出回饋對照表」

■　每個月記錄自己為對方做了什麼、對方的回應是什麼

不是為了記仇，而是幫妳回到現實，不再「被感覺帶走」而忽略事實。

不說要錢的男人，不代表他沒在用妳的錢

操控從來不是大聲，而是讓妳小聲。

妳不是愛得太傻，而是沒人教妳──一段關係若不能自由討論金錢，它早就不是關係，是壓榨。

願妳從今天起能勇敢說出：「我願意陪你走過低谷，但我不是你永遠的經濟保母。」

愛是雙向流動，不該有一方默默流血、另一方無限支取。

他說的話	操控話術特徵	應對策略建議
我不想欠你，但現在真的只能靠你了	將對方塑造成唯一選擇，讓妳不敢拒絕	確認幫助條件為一次性，非長期依賴
我會還，只是現在真的太難了	用模糊未來承諾延後壓力與責任	要求具體還款時間與記錄承諾
妳懷疑我就是不信任我們的感情	把金錢討論轉化成愛情質疑，情緒綁架	回到事實而非情緒，釐清關係與資源界線
我沒跟別人開口過，就只有妳，我以為妳懂我	情緒壓力轉移，讓妳因同情產生負債感	明確表達妳的感受與資源限度

第一節　他說他只是沒錢，不是騙妳的錢？小心情緒勒索型經濟操控　◇

他說的話	操控話術特徵	應對策略建議
妳這樣讓我覺得我是不是在妳眼裡很廉價	以羞辱感削弱妳設下界線的勇氣	停止內疚反應，強化「我有選擇不被勒索」的認知

◇ 第十一章　他口口聲聲愛，卻步步讓妳失去判斷

> **第二節**
> **他說他是對的人，只是還沒遇到對的時機：**
> **愛情詐騙的話術與心理陷阱**

情感映像：他說不急，其實只是等妳自己走進陷阱

　　蘇宥霏三十一歲，是一位保險理財顧問。她遇見的那位，是在交友軟體上自稱創業中的「投資顧問」林士維。對方外表乾淨、言談沉穩，初期聊天很有分寸，從不逼迫她立刻見面，反而三不五時丟來一句：「妳是我想慢慢了解的人。」

　　交往後，士維總說：「我不是不能愛，只是我曾經愛得太深，所以現在怕太快給出承諾。」

　　當她問：「我們什麼時候才能公開？」他說：「時機對了，我自然會牽妳的手走到陽光下。」

　　三個月後，他開始要她協助投資資金，還發了一份看似正式的投資合約給她。她匯出第一筆款項後，對方開始拖延回應、不再主動聯絡、甚至把對話紀錄刪除。她這才明白——他不是還沒準備好，而是早已準備好在妳心裡安插幻想，用模糊感建立信任，然後完成行動。

第二節　他說他是對的人，只是還沒遇到對的時機：愛情詐騙的話術與心理陷阱

> 他沒說要跟妳走一輩子，
> 但他用了每一句話讓妳以為他會

愛情詐騙型對象最常用的五種話術：

話術語句	背後邏輯	妳的心理反應
「我現在不適合戀愛，但我不是不愛妳」	製造延遲感、保留關係模糊性	妳願意等待、不敢要求進展
「我很珍惜妳，所以不想太快」	包裝疏離為深情	妳將他的不投入合理化為細膩
「我曾經被傷害過，我需要時間」	操作同理心與憐惜	妳感到自己是他療傷的天使
「現在不是時候，但我從沒這麼喜歡過一個人」	將感覺放大，行為最小化	妳用情緒代替事實進行評估
「我沒說不要公開，只是還不是時候」	讓妳不敢問下一步	妳陷入等待、幻想、消耗的漩渦

這些話並不明確拒絕，但會讓妳一直延後提出問題，也延後離開的時機。

> 愛情詐騙不是陌生人，
> 是妳熟悉的他變成不熟悉的回應

很多人以為愛情詐騙都是來自遠方、語音詭異、帳戶不明的陌生人，但現代情感詐騙最可怕的是——他就在妳身邊，用真誠的眼神、穩重的話語、合理的延遲，逐步取消妳的邊界感與判斷力。

◇ 第十一章　他口口聲聲愛，卻步步讓妳失去判斷

這些人不會強迫妳給什麼，但會讓妳甘願給時間、給金錢、給信任、給期待，最後一無所有。

如何判斷對方是「慢熱」還是「精準設局」？

指標	真心者	操控者
回應頻率	穩定，雖不熱烈但一致	忽冷忽熱、根據情緒出現
面對未來話題	可討論但設限清楚	拒談／語焉不詳、拖延模糊
情感表達	有所保留但會坦白界線	給妳期待卻從不給行動
是否讓妳參與他生活	會慢慢介紹朋友／計畫	始終維持關係隱匿、不透明
有無具體承諾	清楚說明目前階段與目標	永遠是「再等等」、「我不是不想，只是…」

→如果妳發現所有未來都被擱置，只有妳的情緒是一直在線的，那就不是愛，是計畫。

妳不是笨，是妳的信任太乾淨

真正被詐騙的女性，並不是因為愚蠢，而是因為妳相信：

- 愛需要理解過去
- 每個人都有療癒期
- 慢一點才是真心
- 對的人需要等

第二節　他說他是對的人，只是還沒遇到對的時機：愛情詐騙的話術與心理陷阱 ◇

這些想法本身沒錯，但錯在對方用妳的信任當武器，而妳沒有設立檢查點。

防詐感情的三道心理防線

一、設下模糊回應的「容忍次數」

- 三次逃避承諾或公開→進入質疑與限制期
- 每次拖延後都應有具體補充，不接受口頭敷衍

二、每週檢核妳的「實際互動與進度」

- 他有讓妳進入他的生活嗎？
- 他是否願意在妳的生活中具名？
- 他是否有「除了說喜歡妳」以外的參與行動？

三、建立「說不出口＝風險上升」的警戒系統

如果妳越來越不敢問他一些事、怕他不高興、怕說了破壞氣氛，那表示──妳已經不是戀愛，是處在一種高風險關係的情緒勒索場域。

◇ 第十一章　他口口聲聲愛，卻步步讓妳失去判斷

> 他說的是「不是時候」，
> 妳要問的是：「那這段時間我值得嗎？」

愛不是等待，是交換與參與。

他若只給話語，不給行動；只給情緒，不給角色；只給妳幻想，不給妳答案——那麼這段關係妳不該再付出任何現實成本，包括時間、金錢與自尊。

從今天起，請妳把這句話記在心裡：「模糊的愛，是最容易藏著真實的傷。」

愛情詐騙型話術與情緒延遲偵測表

常見話術語句	操控特徵	偵測與反制建議
我不是不愛妳，只是現在還不是時候	用「還不是時候」拖延關係定義，模糊承諾	設定承諾觀察期（例：一個月內明確進展）
我想慢慢來，不想傷妳的心	包裝疏離為體貼，讓妳不敢催促	提出具體互動需求，若無回應即進入斷捨離準備
妳是我最想穩定下來的人，但我還沒準備好	製造未來幻想，延後現實責任	檢查對方是否有實際行動配合話語內容
我想公開我們，只是現在不適合	拒絕公開與見光，維持多重曖昧空間	要求合理公開／見朋友／介紹身分的安排
我只是需要時間處理自己的狀況	用個人困境合理化所有逃避與退讓	釐清「處理自己」的期限與階段成果

第三節
他說他單身，但不公開妳的存在：
假未婚真騙色的操作邏輯

> 情感映像：
> 不說愛，不拒絕，但也從未真正迎接我

張晴瑜三十歲，是一位獨立創業的婚禮企劃師。她遇到洪子浩時，對方在交友平臺上寫著「誠實、自由、尋找穩定關係」，還附上多張生活照，甚至有一張是在辦公室的西裝照，看起來一切都很真實。

他對晴瑜說：「我單身三年了，現在只想找一個認真經營的對象。」起初他們在咖啡廳約會、一起看電影，交往後開始有親密關係，生活也似乎進入「戀人模式」。

但當晴瑜問：「可以去你家嗎？」他說：「我家目前和家人住，不方便。」

當她提到合照時，他說：「我不習慣公開私人生活，我之前就是這樣被騙走過感情的。」

他總有合理的理由，卻從未讓她走進他的生活。

半年後，晴瑜無意間從共同朋友口中得知，子浩其實早已結婚，還

◇ 第十一章　他口口聲聲愛，卻步步讓妳失去判斷

育有一子。她才明白，對方從頭到尾並沒有說謊，但每一句話都避開了承諾，用沉默與模糊蓋過了妳該被確認的位置。

他說他單身，但妳的存在從未被他帶入現實生活

妳的疑問	他的說法	真實目的
為什麼不能去你家？	家裡有長輩，不方便	隱瞞家庭關係／已有配偶
我們可以一起拍張照片嗎？	我不喜歡把私人生活攤在社群	避免留下痕跡／曝光後被發現
我們可以見你朋友嗎？	我朋友都比較保守，我不想讓他們誤會	隔離生活圈，防止妳認識真相
你幾點回家？可以打給你嗎？	我家網路不好，晚點我打給妳	固定時段關機＝有另一個生活空間

這些話不會讓妳直接覺得「他有問題」，但會讓妳不敢再問，怕破壞氣氛、怕他不高興。

他從不騙妳，他只是讓妳沒有機會去驗證真相。

騙色者的常見行動與心理話術

操作公式：

【感情投入】＋【語言模糊】＋【行為切斷現實】＝【控制妳的信任，不讓妳驗證】

第三節　他說他單身，但不公開妳的存在：假未婚真騙色的操作邏輯 ◇

常見話術五連發：

- 「我不想跟前任一樣用公開證明愛，那是幼稚的」
- 「公開關係只會引來別人的議論，不是保護我們」
- 「我以前就是因為太公開，才被朋友背叛」
- 「如果妳真的相信我，就不會要求我做這些」
- 「難道妳要我因為一張照片而傷害我們的關係？」

每一句都讓妳自我懷疑、自我壓抑，最後自動沉默。

> 妳不是愛得太急，
> "是他早已計算如何讓妳「自願沉默」

他從不強迫妳，他讓妳自己決定不去問、不去看、不去要求。

這種型態的關係操作最常見的三個特徵是：

操作方式	表面尊重	本質控制
不談過去	「我尊重自己的過去，不想讓它影響妳」	妳無法驗證真實背景
不談現在的社交圈	「我朋友複雜，我不想妳被誤解」	妳無法觸及他真實生活層面
不給承諾時間表	「我不想被時間綁架」	妳持續投入卻無法規劃任何進展

◇ 第十一章　他口口聲聲愛，卻步步讓妳失去判斷

妳該怎麼辨識「假單身真隱瞞」的感情模式？

1. 三問自我檢查

- 我知道他的全名嗎？他的家庭背景？他的工作環境？
- 他曾主動讓我接觸過他的生活圈嗎？還是都只待在我的空間？
- 他是否給我公開的認同？還是只有在私下才有戀人互動？

2. 三條驗證標準

- 社群關係可見度（是否完全無妳痕跡）
- 生活參與程度（是否總是只有床伴互動，無日常接觸）
- 關係定義穩定性（是否總以「我們順其自然」推掉妳的每一次提問）

他說他單身，但妳的孤單感從未少過

　　他沒有騙妳的心，他是讓妳用自己的心去填補一段不屬於妳的關係位置。

　　愛，不是要用公開證明什麼，而是在妳需要被看見的時候，他願意讓妳站在陽光底下。

　　如果一段關係只能存在於聊天室、汽車裡、飯店房間或他的手機，而不能存在在他的生活裡──

　　那這段關係，妳不是女主角，妳只是臨時演員。

第三節　他說他單身，但不公開妳的存在：假未婚真騙色的操作邏輯 ◇

假單身真隱瞞行為辨識與自我驗證清單表

行為特徵	隱瞞意圖	自我驗證行動建議
從不帶妳見他的朋友或家人	避免妳接觸他真實生活圈	提出見面他的朋友或參加他生活活動的請求
手機在妳面前總是靜音或面朝下	防止訊息曝光／另有關係對象	觀察他是否主動讓妳接觸他通訊與生活設備
拒絕合照或拍照後立即刪除	避免留下能被發現的證據	主動提議留念記錄並觀察其反應
社群帳號無妳痕跡，或完全鎖住公開動態	維持雙重生活或備胎式情感操作	要求互動公開程度與互動誠實程度同步
約會總是在偏遠、不易被發現的地點	降低妳對他身分與生活的掌握力	轉換約會地點，觀察他是否感到不安或拒絕

◇ 第十一章　他口口聲聲愛，卻步步讓妳失去判斷

第四節　他不是上司，他是利用職權取得妳的依附與服從

情感映像：曖昧，是操控者餵妳喝的糖衣毒藥

　　王芷寧二十九歲，是一位剛升遷的品牌公關。她的主管張書文，是公司副總，已婚但總說「婚姻只是名義」，對她格外照顧。

　　他會在會議上誇她的簡報說：「妳的直覺讓我很佩服，這才是能獨當一面的人才。」

　　私下會傳訊息說：「今天看妳好累，晚點下班我送妳回去，聊聊也好。」

　　初期她覺得被肯定、被重視，也開始欣賞他的溫柔與內斂。

　　但當她開始試圖劃清界線，他卻說：「妳是不是開始太敏感了？我從來沒有強迫妳做什麼。」

　　當她想調部門時，他說：「這樣會影響妳在公司長期的發展，妳真的想好了？」

　　她這才驚覺 —— 這段「曖昧但模糊」的關係早已讓她在職場與情感上無法自由轉身。

　　他不是愛她，他只是利用上對下的結構，讓她習慣性地取悅與服從，換來假性情感的餵養。

第四節　他不是上司，他是利用職權取得妳的依附與服從 ◇

> 他給的不是情感，
> 而是被依賴錯認為「關心」的控制

他說的話	表面溫柔	實質影響
「我最欣賞妳這種聰明又有直覺的女生」	個人化誇讚	建立他是「特別理解妳的人」的形象
「這專案很重要，我只相信妳能跟我一起處理」	任務分配	強化妳對他的忠誠與責任感
「妳最近狀態有點不穩，怎麼了嗎？」	關心話術	建構妳應該對他坦白一切的心理依附
「其實我很欣賞妳這樣的性格，只是我有很多顧慮」	曖昧暗示	建立情緒投入，但不給承諾

這些語言構成的是一個「看似開放、實則綁架」的情感結構：

他讓妳覺得妳是被選中的人，但同時讓妳不能離開、不敢拒絕、無法逃脫。

職權式情感操控的四大心理結構

1. 依賴型肯定
用權威位置給予「妳是特別的」錯覺，讓妳將情緒價值與工作綁定。

2. 模糊型關心
不主動追求，但提供模糊界線的親密互動，讓妳無法釐清對方意圖。

◇ 第十一章　他口口聲聲愛，卻步步讓妳失去判斷

3. 心理角色混淆

讓妳在「部屬／知己／伴侶想像」三者角色中自動切換，失去自我定義力。

4. 話語轉化壓力

當妳質疑時，他會說「妳想太多」、「我只是出於關心」來否定妳的情緒知覺。

為什麼妳遲遲說不出口「不」？

因為：

- 妳怕拒絕他會影響職涯
- 妳怕失去唯一欣賞妳的人
- 妳曾經真心感謝他的鼓勵與幫助
- 妳覺得妳是不是也有一點心動，不敢全盤否認

但親愛的，這正是情感操控最危險的部分：混淆感激與服從、情緒與事業的界線。

第四節　他不是上司，他是利用職權取得妳的依附與服從 ◇

如何從職場情感操控中回歸自我？

一、建立「上下位關係不談感情」原則

- 即便對方主動示好，也必須回到任務與職能角色互動，不進入個人話題
- 不接受下班後過多私人訊息與聚餐邀約，明確保持互動界線

二、寫下「我在哪些時刻感覺壓力而非支持？」

- 若妳每次私訊後都得花時間回推自己的語氣、怕對方誤解
- 若妳開始為了對方期待去加班、犧牲週末、放棄其他機會

→那些都不是被提攜，而是被情緒操縱。

三、尋求第三方資源與見證

- 保留訊息紀錄、重要對話有第三人在場
- 向信任的同儕或人資匿名反映，建立情緒支持與知情網絡

他不是給妳機會，而是用權力換取妳的安靜與服從

妳不是他最欣賞的那個人，而是最容易讓他進可攻退可守的對象。

真正給妳機會的上司，不會在私訊裡說「妳讓我很心動」，而是會在會議上公開說：「她值得被提拔。」

◇ 第十一章　他口口聲聲愛，卻步步讓妳失去判斷

妳不該為了一個口頭上的「我支持妳」，而讓自己走入一段無聲的服從與內耗。

愛情要平等，職場更應該乾淨。

職場情感操控者語言特徵與心理操作辨識表

常見語句	語言特徵	心理操作目的
只有妳，我才願意講這麼多私事	製造私密關係感，引發信任與依附	建立情緒投射空間，讓妳以為自己是特別的
這個專案我只相信妳能搞定	將責任與親密綁在一起，強化妳的情緒勞動	讓妳不敢說不，逐漸失去距離與拒絕力
妳這樣想會不會太敏感了？	反轉質疑為妳的問題，使妳壓抑直覺與界線	剝奪妳界線感與自我信任，使妳更依賴對方定義互動
妳讓我覺得，工作其實可以更有感覺	曖昧包裝情緒投射，讓妳產生錯誤情感連結	用工作之名包裝情感互動，創造角色混淆
我們這樣互動，別人不懂也沒關係	排除外界監督，建立關係隱密性與控制場域	避免外部介入，讓妳孤立於權力不對等結構中

第五節　當他是老師卻跨越界線：權威關係中的戀愛洗腦術

情感映像：不是戀愛，是情緒綁架的慢性依賴

廖亦書二十五歲，是研究所一年級學生，攻讀心理與諮商學系。她的指導老師，是一位學術權威，五十多歲、學術資歷深厚、講話總是溫和且具啟發性。

他常在下課後留下她說：「我覺得妳的觀點很特別，我想花點時間好好聊聊。」

漸漸地，他會約她一起喝咖啡、推薦她讀某本書、讚美她「比其他學生更有情感的敏銳度」。

當她開始依賴他的建議與情感鼓勵時，他說：「我很矛盾，因為我不能喜歡妳，可是我越來越在乎妳。」

這段「不在一起，卻有互動；不明說愛，卻情緒綁定」的關係持續了一年半。

她說：「他從沒強迫我什麼，但我總覺得，自己不能讓他失望。」

她以為她是被重視的學生，直到有一天，她發現他對另一位女學生也說過幾乎一樣的話。

◇ 第十一章　他口口聲聲愛，卻步步讓妳失去判斷

　　她不是被性騷擾，也不是被明目張膽地追求 —— 她是被教育者身分下的話術與情感界線模糊逐步洗腦，讓她陷入無聲的服從與情緒沉沒成本中。

他不是追妳，而是讓妳無法拒絕他的接近

他說的話	妳的情緒反應	背後心理策略
「妳的觀點讓我有重新思考的感覺」	被欣賞、特別被理解	建立妳是與眾不同的情感共犯感
「我對妳真的有點在意，但我們身分有點麻煩」	感動、內疚、願意保密	誘發妳為對方犧牲與自我審查
「妳的作品很細膩，我喜歡妳這種有感覺的女人」	情緒被觸動、想靠近	情緒性讚美，引導妳以情感回應學術期待
「妳的想法跟我年輕時很像」	被理解、想取悅	建立時空鏡像感，形成自我投射連結

　　這不是對妳好，而是讓妳用學術與情感投射換來他操控妳界線的機會。

第五節　當他是老師卻跨越界線：權威關係中的戀愛洗腦術

權威角色如何用「溫柔」達到情感服從？

權威型戀愛洗腦五步曲：

一，優越框架建立

先以師長、顧問、導師、教練等角色進入妳的信任系統。

二，情緒親密堆疊

用獨處、關注、欣賞語言建立心理共振，讓妳認為他「特別懂妳」。

三，模糊愛慕輸出

暗示式表白，但不承認、不定義，讓妳主動投入而非他追求妳。

四，界線拒談機制

每次妳質疑，他都會說：「別破壞這段關係的純粹」，讓妳無法劃清，也不敢結束。

五，羞愧與責任反轉

當妳想遠離，他會說：「我以為妳比其他人懂我」，讓妳因失望他而感到罪惡，自動回頭修補。

妳不是甘願，而是早已在對方設下的「模糊親密圈」裡迷失方向。

這些人不是壞人，他們甚至是校園裡被敬重的教師、心理師。他們不對妳大聲、也不對妳有任何實質威脅，他們只做一件事 —— 讓妳分不清什麼是學術支持，什麼是戀愛養成。

◇ 第十一章　他口口聲聲愛，卻步步讓妳失去判斷

> 妳該如何拆解這種
> 「學習關係包裝下的依附性情感操控」？

一、檢查妳是否有「情緒不能說」的默契感？

- 妳是否在他面前總是小心翼翼地選擇語氣？
- 妳是否明明想說不，卻會因為怕他失望而忍下來？

→這表示妳已經不只是在學習，而是進入「自我審查型服從關係」。

二、設定「不能私下互動」的制度性界線

- 不接受非正式時間段的聊天與聚會
- 與其他同學一同參與所有邀約、討論，避免一對一親密化

三、對自己承認：這不是曖昧，是控制

- 若他說愛妳卻又不給妳任何現實角色與保障
- 若他只讓妳「心動」卻永遠「不定義」
- 那這就不是關係，而是自我價值在權威面前被漸進式削弱的歷程。

他不是理解妳，他是調整語氣讓妳失去界線

真正的導師、老師、諮商者，是讓妳成長、獨立、前進的，而不是讓妳變得小心、焦慮、羞愧、不敢離開。

第五節　當他是老師卻跨越界線：權威關係中的戀愛洗腦術 ◇

一段真正成熟的戀愛，不會需要偷偷摸摸、不會建立在「身分不能公開」與「角色無法定義」上。

如果他永遠在說：「妳是特別的」、「但我們不可以有什麼」——請妳離開。

因為真正成熟的愛，是站在平等的立場說：「我欣賞妳，也願意讓妳自由。」

權威角色下情感洗腦語言辨識與心理脫離策略表

常見語句	洗腦語言特徵	心理脫離策略建議
我不是妳老師時，也會很欣賞你這種女生	混淆身分界線，引導情感角色錯位	重新建立明確的角色身分：老師就是老師，學生就是學生
如果我年輕一點，我可能會追妳	暗示式表白，讓妳自我合理化依附關係	對模糊曖昧語言提出具體定義要求，破除浪漫幻象
我們之間的連結，比什麼都重要	提升妳的特殊性，強化妳的情緒責任感	回到團體互動，避免一對一私下情緒加溫
我不想破壞妳的未來，但我是真的喜歡妳	讓妳誤以為自己是被愛的例外，而非被操控的對象	書寫歷程日誌，記錄自己行為與感受變化
妳懂我，跟別人不一樣	讓妳成為唯一共鳴者，進而無法與外界連結	尋求第三方支持，將情感拉出私密互動場域

◇ 第十一章　他口口聲聲愛，卻步步讓妳失去判斷

> 第六節
> 他說他沒有逼妳，但妳怎麼總在妥協？
> 操控型關係的情緒綁架心理學

情感映像：他從不控制我，卻讓我無法自由

　　梁思恩三十二歲，是一位設計師。她和男友林哲翔交往兩年。哲翔從來沒有大聲罵她、從不禁止她交朋友，甚至常說：「我不是那種會控制人的人。」

　　但每當她想出國進修，他會說：「妳確定要離開一年嗎？我不知道自己能不能撐這麼久。」

　　當她想搬出去自己住，他會說：「我們好不容易才這麼靠近，現在妳卻想拉開距離？」

　　她沒有被威脅，卻總是「自願放棄機會」；她沒有被指責，卻總覺得自己「做了讓對方難過的選擇」。

　　她說：「我一直覺得我是在體貼他，但後來才發現，是我一直在犧牲自己換來他情緒的平穩。」

　　這就是非暴力型操控者最典型的模式：不用逼妳，也能讓妳自己走上妥協之路。

第六節　他說他沒有逼妳，但妳怎麼總在妥協？操控型關係的情緒綁架心理學

他說沒關係，但妳的心已經開始道歉

妳的想法	他的話語	妳的行動
「我想出國讀書」	「我尊重妳的夢想，但我真的不知道我行不行」	放棄申請、延後一年
「我想一個人住看看」	「妳想怎樣我都不會擋妳，我只是有點失望而已」	留在原本的城市，繼續合住
「我想休息一陣子，專注自己」	「妳不在，我會不會就變成妳人生裡的過客？」	繼續維持互動，不敢輕易斷聯

這些對話中，他從來沒有說「不行」，但每一次妳都退了，因為──妳內化了他的脆弱，讓它變成妳的責任。

操控型情緒勒索者常見心理話術

話術類型	範例句式	情緒策略
假開放型	「妳愛做什麼就做，我都支持妳」	讓妳產生自由錯覺，實則轉化為責任感
暗示型指控	「妳有自己的規劃當然很好，只是我就這樣了」	操作內疚與優越焦慮
被動攻擊	「我沒意見啦，我也沒什麼好說的」	用冷處理讓妳主動退讓
道德綁架	「妳開心就好，我就看看你會不會忘了我」	建立妳是殘忍那一方的印象

→這些語言讓妳從行為上「主動犧牲」，但心理上逐漸「自我縮小」。

◇ 第十一章　他口口聲聲愛，卻步步讓妳失去判斷

妳為什麼總是「自己說服自己不要前進」？

情緒綁架背後的三大內在心理機制：

一、關係維穩優先心理

妳從小學會「不要讓別人不開心」，所以即便有夢想，也會先考慮「我這樣做他會怎麼想？」

二、良善形象焦慮

妳不想當「那個不顧他感受、為了自己狠心的人」，所以選擇「共好」卻放棄自我。

三、錯置責任內化

當他說「我沒怪妳，是我自己的問題」時，妳反而會更自責，覺得應該「再給他一點安全感」。

妳該怎麼拆除「沒有強迫，卻無法自由」的情感設計？

一、辨識「看起來自由但其實有誘導」的語言

例句：「妳自己想清楚就好」＋「我沒什麼想法了」＝潛臺詞：「但我其實已經情緒離開了」

→如果每一句「自由」背後都藏著讓妳不敢說真話的壓力，那不是自由，那是隱性操控。

第六節　他說他沒有逼妳，但妳怎麼總在妥協？操控型關係的情緒綁架心理學 ◇

二、建立「決策前我不自責」規則

在做任何關係相關決定前，問自己三個問題：

- 這個決定對我本身有意義嗎？
- 我做這個選擇，是出於期待還是恐懼？
- 若他沒有表現任何情緒反應，我還會這樣決定嗎？

三、將每一次「想要的決定」記錄並驗證

記下那些被改變的選擇，每一次妥協是否都讓關係更好？還是只是讓妳更退後？

→多數操控者會在妳妥協一次後，更加合理化對妳的支配。

不是他沒逼妳，而是妳被教育成「乖的人自己會讓」

很多女人在關係中不是被壓迫，而是學會用妥協換取愛的延續。

他從沒對妳說不，但妳也從沒在關係中真正對自己說過「我要的，是什麼」。

從今天開始，不要再為了成全對方的情緒，而取消自己的選擇權。

愛情裡的成熟，不是妳多能體諒，而是妳能不能在每次想退讓時問自己一句：我這樣做，是因為我甘願，還是我怕不被愛？

◇第十一章　他口口聲聲愛，卻步步讓妳失去判斷

情緒綁架型話術與妥協反應對照表

情緒勒索話術	心理操控特徵	常見妥協反應
我沒說不能，但我真的會很難過	用自我脆弱轉化為對妳的責任感	延後自己規劃、選擇對方期待的路
妳自己決定吧，我沒意見	表面開放，實質給予冷處理壓力	放棄對話、默默收回自己的想法
我不是要妳不做自己，只是我可能接受不了	讓妳為他的情緒承擔選擇代價	否認自己真實感受以維持表面和諧
如果妳真的這樣選，我也不會阻止妳	創造道德優勢，讓妳不敢堅持己見	接受關係模糊、避免提出條件
我也不知道妳還在不在意我了	植入不安全感，使妳主動修補關係	加倍關心、討好對方以重建平衡

第七節　建構妳的反詐愛情盾牌：情感詐騙預警地圖與七層心理防線

情感映像：愛情裡的漏洞，不修補就會被滲透

一開始他說話溫柔、懂妳、陪妳，讓妳以為「終於遇見不一樣的人」。

但後來妳發現，錢慢慢花出去了，行蹤慢慢變模糊了，感情慢慢變成了只有妳在撐的獨角戲。

妳不是不小心，是沒有人告訴妳，愛情裡也需要防火牆。

現在，讓我們幫妳建立一面完整的反詐愛情盾牌，從言語、行為、情緒、角色、邏輯、資訊、選擇權七個層次，建立妳的七層心理防線。

情感詐騙最常利用的是妳「不想失去」的心理漏洞

他給妳的感覺	妳的反應	他得到的資源
他說：「我從沒這麼在乎一個人」	妳信任，願意給錢／時間	情緒操控後的資源依賴
他說：「妳懂我，比誰都靠近我」	妳產生責任感、放棄判斷	情緒綁定後的權力讓渡

◇第十一章　他口口聲聲愛，卻步步讓妳失去判斷

他給妳的感覺	妳的反應	他得到的資源
他說：「我們現在不是時候，但未來一定」	妳等待、投入更多	拖延承諾以獲取長期操控優勢
他說：「我沒強迫妳，但我會很失望」	妳內疚、自我妥協	自願讓步後的主導權移轉

這些操作不靠騙話，而是讓妳放棄「自我保護的語言與動作」。

妳的七層心理防線地圖：愛情裡的安全機制

第一層：言語辨識層

問題：他說的話是否經常模糊、避重就輕？

解法：記錄對話，檢查是否常有「我不是不想，只是……」或「我沒說不能，但……」等話術。

第二層：行為一致層

問題：他的行為是否與言語對不上？

解法：每月自問「他說會做的事，有做到幾項？」低於50％即屬高風險互動者。

第三層：情緒自由層

問題：妳是否越來越不敢說「不」、越來越小心自己的話語？

解法：建立「情緒日記」，若妳在關係中常感到壓力大於喜悅，需啟動距離機制。

第七節　建構妳的反詐愛情盾牌：情感詐騙預警地圖與七層心理防線

第四層：角色對等層

問題：妳是否感覺自己總在退讓、他總在主導？

解法：列出妳為這段關係做的五件事，對照他是否有等值回饋。

第五層：邏輯檢核層

問題：他的理由合理嗎？還是情緒化推論居多？

解法：用第三人角度寫下他的說法，問自己：「如果這是我朋友的對象，我會相信嗎？」

第六層：資訊透明層

問題：妳知道他住哪？家人是誰？工作是否真實？

解法：若 90 天內無法確認其基本生活資訊，立即調整信任程度。

第七層：選擇權自評層

問題：這段關係裡，我是否還擁有選擇離開的自由？

解法：若每次妳想說出「我們應該談清楚」都感到害怕或退縮，代表已進入「心理禁錮」模式。

妳值得的是共創關係，不是承擔他人不成長的代價

- 愛，不應該讓妳懷疑自己是否太計較
- 被重視，不應該是妳先放棄夢想、金錢或時間的交換條件
- 對等的互動，不會讓妳處在「我該說出口嗎？」的壓力裡

◇ 第十一章　他口口聲聲愛，卻步步讓妳失去判斷

情感詐騙最深的傷，不是錢，也不是信任，而是 —— 妳把自己弄丟了。

從今天起，讓妳的心，先有守，再敢愛

請妳牢記：

■ 被愛的前提，是妳擁有被好好對待的底線
■ 判斷對方值不值得，不靠眼淚與等待，而靠「這段關係讓我變得更好，還是更慌？」

建立這七層防線不是讓妳變得防備，是讓妳能在每一次心動前，多一點自保；在每一次投入前，多一層自我理解。

從現在起，讓妳的愛，有智慧、有選擇、有力量。

反詐愛情七層心理防線自評對照表

防線層級	核心問題	自我檢測建議
言語辨識層	對方是否經常用模糊語言逃避明確表態？	記錄三次他「避重就輕」的語言，用第三人視角重讀
行為一致層	他說過要做的事，是否經常落空？	列出他近期承諾與實踐比例，低於 50% 需警覺
情緒自由層	在互動中，妳是否能自由表達拒絕與情緒？	觀察是否出現「我怕他生氣所以不說」的情緒
角色對等層	妳是否總是付出一方，而他不給對等回應？	檢查自己是否持續讓步換取關係平衡
邏輯檢核層	他的說詞是否邏輯不通但妳仍選擇相信？	邀請朋友幫妳審視他說法是否站得住腳

第七節　建構妳的反詐愛情盾牌：情感詐騙預警地圖與七層心理防線

防線層級	核心問題	自我檢測建議
資訊透明層	妳是否無法確認他基本生活背景或交友圈？	嘗試查證他身分背景是否可交叉印證
選擇權自評層	妳是否感到自己無法自由決定關係去留？	每天問自己：今天我是否還覺得我能離開？

◇第十一章　他口口聲聲愛，卻步步讓妳失去判斷

後記
停止愛錯人，從相信自己值得對待開始

◎妳不再需要「再等一下」，而是該問「現在夠了嗎？」

很多女人不是不懂男人，而是太努力懂他，結果卻忽略了自己在愛裡的聲音與位置。

他說他只是還沒準備好；

他說他是怕承諾不是怕妳；

他說他沒要妳犧牲什麼，但妳卻總在為他讓出生活的空間、夢想的腳步、內心的平靜。

這本書不是為了讓妳變得聰明而冷漠，也不是要妳對每一段關係先起防禦，而是——讓妳在每一次愛的開始與進行中，保有選擇、保有尊嚴、保有妳自己。

我們不再用「愛錯了人」來懲罰自己，而是學會「辨識對方的限度」與「釐清自己的需要」，讓愛變成選擇，而非掙扎。

◎真正的轉變，不是從識破他開始，而是從看懂自己位置開始

這本書寫了很多關於男人的類型、語言、心理操作、互動模式——但最終要讓妳理解的是：

真正該被關照的，不是他在想什麼，而是妳在這段關係中是誰？怎麼想？怎麼活？

當妳開始問自己：

◇ 後記　停止愛錯人，從相信自己值得對待開始

- 「我現在這麼做，是為了愛，還是因為我怕失去？」
- 「我現在說不出口，是因為我信任他，還是因為我不信任自己？」
- 「我這段關係讓我變得更好，還是更小？」

那麼，妳就正在從一個被關係牽著走的人，變成一個能清醒定義關係、也能決定去留的成熟女人。

◎妳的心值得好好放，不是隨便安置

妳可以愛一個人沒錯，但那份愛不是為了證明妳多能忍、多會退、多願意給。

那份愛應該是建立在他也懂得接住、珍惜、回應與承擔。

請妳記得：一段感情不能只是「我懂你」的獨角戲，而要是「我們一起懂彼此、讓彼此成長」的雙人舞。

◎妳可以溫柔，但也必須帶著底線

過去的妳可能總是害怕說「不」會讓人討厭、被認為太現實、不夠體貼。

但其實，懂得劃界線的女人，才最值得被尊重。

劃界線，不是因為妳不愛，而是因為：

- 妳想要的不是一時的依賴，而是長期的共好；
- 妳給出的不是討好，而是對等的選擇；
- 妳的愛不是廉價的奉獻，而是值得等值的回應。

所以從今天開始，請妳允許自己在愛裡說「夠了」。

◎愛情不是妳的全部，它是妳人生裡的選項之一

很多女人的痛苦不是因為愛了誰，而是因為把愛情當成唯一能證明自己有價值的方式。

當他退縮，妳就覺得自己不夠好；

當他冷淡，妳就自我否定；

當他離開，妳彷彿連自我都一併崩解。

但親愛的，愛情不是妳存在的條件，而是妳自我充足後的一個選擇。

只有當妳能在獨處時感到完整，才能在關係中保有邊界、節奏與尊嚴。

◎如果要總結這本書，只剩一句話

「真正的安全感，不是他多愛妳，而是妳能不能不愛錯人。」

這不是冷酷，而是成熟。

不是疏離，而是自主。

他有沒有對妳說「我愛妳」，從來都不如妳是否敢對自己說──

「我值得更好的，我選擇只留下對的人。」

◎從這裡出發，妳不再是等待被選擇的人，而是選擇權在手的那一位

愛，是溫柔的，也應該是清醒的；

關係，是需要投入的，也應該是有界線的。

妳不需要再測試、懷疑、討好、退讓，只為了證明妳是對的那個人。

◇ 後記　停止愛錯人，從相信自己值得對待開始

妳需要做的，是慢慢學會看見、分辨、轉身與選擇。

這不是一本「教妳贏得誰」的書，而是一本「幫妳不再輸掉自己」的書。

親愛的，願妳從這本書離開時，比進來時更相信：

- 妳可以愛人，但不必失去自己
- 妳有柔軟的心，也有鋼鐵般的原則
- 妳不怕孤獨，是因為妳終於學會獨立
- 妳不怕選錯，是因為妳現在知道怎麼「選對」

這本書，交給妳了。

下次當心動發生時，請妳先想起自己，再決定他值不值得。

願妳從此看懂男人，也看清自己；

願妳從此不再愛錯人，更願意好好愛自己。

──給正在找答案的妳。

看懂男人心，妳就不再愛錯人：
用心理學拆解話術、行為與情緒操控，打造不再受騙的愛情選擇權

作　　　者：	夏以晴
發 行 人：	黃振庭
出 版 者：	樂律文化事業有限公司
發 行 者：	崧博出版事業有限公司
E - m a i l：	sonbookservice@gmail.com
粉 絲 頁：	https://www.facebook.com/sonbookss/
網　　　址：	https://sonbook.net/
地　　　址：	台北市中正區重慶南路一段61號8樓 8F., No.61, Sec. 1, Chongqing S. Rd., Zhongzheng Dist., Taipei City 100, Taiwan
電　　　話：	(02)2370-3310
傳　　　真：	(02)2388-1990
律師顧問：	廣華律師事務所 張珮琦律師

國家圖書館出版品預行編目資料

看懂男人心，妳就不再愛錯人：用心理學拆解話術、行為與情緒操控，打造不再受騙的愛情選擇權 / 夏以晴 著.-- 第一版 .-- 臺北市：樂律文化事業有限公司, 2025.06
面；　公分
POD 版
ISBN 978-626-7699-41-6(平裝)
1.CST: 戀愛心理學 2.CST: 性別關係
544.37014　　　114007681

-版權聲明————
本書作者使用 AI 協作，若有其他相關權利及授權需求請與本公司聯繫。
未經書面許可，不得複製、發行。

定　　　價：480 元
發行日期：2025 年 06 月第一版
◎本書以 POD 印製

電子書購買

爽讀 APP　　　臉書